“自己”の育て方

──組織社会を生きる知恵

佐伯雅哉 著

産業能率大学出版部

はじめに

この本を手に取った人は、おそらく「自己」を見つめるということに関心がある人だと思います。でも、これといって確信がもてる視点や方法が見つからない。やっぱり哲学なのかなと思うけれども、ほかにもいっぱい考えることがあるから、あのめんどうな議論にはつき合えない。かと言って、ハウツーではもの足りない。

この本は、そういう、ごくふつうの人（？）のための、自己探求の案内書です。

確かに、現代は生涯学習の時代です。実際に多くの人が、自分なりの学習テーマと学習方法を見つけて自己研鑽に励んでいます。たとえば、キャリア形成のための学習や、趣味の世界を広げるための学習です。

しかし、私たちにとっての学びは、このように意図的なものばかりではありません。私たちは、組織や社会における日常の経験から、半ば無自覚的に多くのことを学び取っています。経験は私たちに、個々の問題に対処するための知恵をもたらすだけではありません。それは、自己形成のプロセス、つまり私たちが「自己」という一つの人格を形成していくプロセスでもあります。

この本がテーマとするのは、この意味での学びです。

そこには、多かれ少なかれ言語が介入します。ことばによる知恵のはたらきは、私たちの経験的な学びを、明に暗に支えています。

この本がとくに注目するのは、そこのところです。

そもそも「自己」という概念は、ことばあってのものです。

私たちは、「自己」という概念をもつからこそ、さまざまな努力を引き受けていくことができますし、一方では、埒《らち》もないさまざまな悩みを抱えることになります。

それならば、私たちは、この「自己」という概念とどのように向き合っていけばよいのか。

私たちが確立しようとするところの「自己」とはいったい何なのか。

また、そもそも「ことば」というものとはどのようにつき合っていけばよいのか。

これらの考察を通して、自己形成のための努力をいっそう実りあるものにする、これがこの本のねらうところです。

近年は、学校制度をはじめ、学習のための社会システムが進歩し、こどももおとなも、さまざまな種類の知識や技能を習得する機会に恵まれるようになりました。しかし、その分、自己形成というもっとも基本的な学びについては、相対的にその重要性の認識が低下してきているように思われます。

一方、このようなことも言えます。
確かに、知識や技能も一つの知恵ですし、私たちはこれらを手に入れる機会に恵まれるようになりましたが、「知恵」そのものについて考える機会をもつことはほとんどありません。

実は、私たちが「知恵」に対してもっている常識――とくにことばによる知恵についての常識――には、かなり思い込みや誤解に基づくところがあって、それが私たちの自己形成に限界を画する壁となっている兆候さえ見られます。

自己形成を、知恵のはたらき――とくに「ことば」によるそれ――の面から考えてみる意図は、ここのところにあります。

とは言え、この本にはさまざまな読み方があっていいと思います。ぜひ、読者それぞれの興味や関心に応じた読み方をしてください。

時間があれば一度は考えてみたいと思っていたことがらや、知りたいと思っていたことばの意味、あるいは気になっていた先人たちの名まえや問題意識に出会うこともあるかと思います。

いずれにしても、本書が、読者の日常の経験をより有意義なものにするきっかけとなれば幸いです。

目次

第三章　科学、言語、そして日本的思索……169

第四章　現代社会と自己形成 ― 私たちの社会的役割を考える……209

より深い理解のために ―― 多少のわずらわしさをいとわない読者のための一歩踏み込んだ考察　231

序章

「自己形成」を支えるもの

私たちはそれぞれに、独自の「世界観」や「自己意識」をもっています。

「私を取り巻く世界（世の中）はどんなふうに成り立っているんだろうか」

「その中にいる私とはどういう存在なんだろうか」

これらについての個人個人の考え方が、その人その人の「世界観（＝世界の見方）」であり、また「自己意識（＝自己の見方）」というもので、世の中に対する私たちの態度はこれによって決まります。

その意味で、世界観と自己意識は、私たちの人格を基本的に形づくるものであると言っていいでしょう。

そして、私たちは、自覚の程度はその都度異なるにせよ、日常の経験からさまざまな気づきを得て、つねにこれらを再構築しながら（＝手直しを重ねながら）生活しています。

これを「自己形成」と呼ぶならば、私たちはどのような点に留意すれば、この自己形成の努力をより充実したものにすることができるのでしょうか。

本書では、おもに、ことばによる知恵の用い方に焦点を合わせて、これを考えます。

そこでまず、この序章では、「自己」「言語」、そして言語による知恵を精緻化、体系化した「理論」、これら三つについて大雑把に見ていくことにしましょう。

第1節
自己という概念

環境と相互作用する主体としての自己

私たちは、つねに「自己」という存在を意識しています。
「自己」とは、ある世界観をもって周囲と相互作用を演じる主体であり、その中から新たな知恵を獲得する主体であり、そしてそれを周囲に還元していく主体としての「私」です。「周囲」というのは、「私」を取り巻くすべての環境世界です。そこには、他者の存在もあります。

読者が組織人の場合、たとえば職場をマネジメントする立場に立ったならば、おそらく「私」と「環境世界」との相互作用の現実を、まるで一つの縮図のように見ることになるでしょう（第一章では、マネジメントを例にとって、自己と環境世界との相互作用の様子を具体的イメージでとらえます）。

マネジメントに限らず、環境世界との相互作用を抜きにして考えることができないのが私たちの職業生活です。たとえ技術者としての優れた技能や知識をもっていても、一方では、それを活かすための行動、つまり自分の技能や知識を世の中に還元していく機会を自ら開発する行動が必要になってきます。あるいは研究や製品開発も、ほかのメンバーとともに取り組んでいくのが常です。

一方、私的な生活シーンにおいても、自治会やPTA、あるいは何かのセミナーやボランティア活動などの会合で意見を述べたり、あるいはリーダー的存在として、参加メンバーを一定の方向に導いていかなければならないことがあります。

また、それ以前に、家族や友人との交流において、私たちは自分とは違う他者という環境との関係をより適切なものにしようと模索しています。

そして私たちは、つねにそうした活動の主体として、「自己」を意識しています。

自己とは何か

しかし、私たちが「自己」として意識する「主体」とは、どういう実体をもつものなのでしょうか。

私たちは、「私」に代表されるような「一人称」と呼ばれることばをもっていますが、それによっていったい何を指そうとしているのでしょうか。

たとえば、身体は「私」でしょうか。もしそうならば、「私の体」「私の手」などと言うのは筋が通りません。これでは、身体は私の一部ではなく私の持ち物になってしまう。

仮に、体が「私」の持ち物だとしたら、持ち主である「私」というのは、「意識」や「思考」のことを指すのでしょうか。しかし一方では、「私の考え」などと言うときがある。これではまるで、ある考えが「私」という主体の持ち物であるかのようです。

もしそうなら、この場合の「私」はいったい何を指すのでしょうか。

逆に、まったくの他人に比べれば、家族や友達は「私」の一部と言ってもいいぐらい大切に感じられます。また、愛用する道具についても、同様に、私の一部のように感じられる。

たとえば、自分が好きな人や物のことを悪く言われると、まるで自分が悪く言われたような気がします。

つまり、私たちは、「自己」「自我」「私」などという概念をもち、それを大切に思っていても、ほんとうのところ、それ以外のもの、つまり環境との境界すらわかっていない。

このように、「自己」というものは、なかなかその実態を見極めることができません。それにもかかわらず、私たちはこの概念から離れることができません。

確かに、しっかりとした自己感覚をもつことで、学びへの意欲が生まれます。

トランプなどのちょっとしたゲームでも、ほんの数分の一回勝負ではなく、何度も繰り返して勝負を続けるときほど意欲が湧きます。このように、継続性のある「自己」という感覚があるからこそ、これを磨こうとする意欲が湧きます。

しかし一方では、自己へのこだわりが、あせりや心理的エネルギーの無駄使い、あるいは環境との軋轢《あつれき》を生じさせることがあります。

たとえば、「自己実現」ということばがあります。これはたいへん大切なことなのですが、一方では、「自己実現至上主義」とでも名づけなければならないような世の中の傾向が、さまざまな社会問題の原因になっている可能性も否定できません（この問題については第四章で取り上げます）。

あるいは、人は、プライドをもてとも言うし、プライドを捨てよとも言う。どちらを信じればいいのでしょう。

結論めいたことを言うならば、「自己」という概念や感覚は、大切にするけれども執着しない。このような態度が適切なようです

詳しくは、第三章で考えることにします。

第２節

言語のはたらき

ことばに対するいくつかの誤解

「言語」は、思考や学習、あるいは他者との情報交換のツールです。また、これらを記録して、次世代に伝えていくためにも役立ちます。

そして、私たちが大切だと思う「自己」という概念自体、言語のはたらきによるものです。言語に対しては、一般的に、いくつかの基本的な誤解があります。

たとえば、「ことば」はありのままの世界を客観的に表現するものであるという誤解です。これが事実でないことは、各国の言語によってものごとの分類のしかたや、呼び名の充て方が異なることによっても明らかです。また、私たちが「自己」と呼ぶものに実体はあるのか。先ほど考えたように、これもきわめてあいまいです。

あるいは、「ことば」は定義によってはじめて意味が共有されると考えるのも大きな誤解の一つです。私たちは、「報告」「連絡」「相談」ということばの定義などしなくても、ちゃんと使い分けることができています。

日常会話において、ことばを厳密に定義してその通りに使い分けようとしたら、会話の中のどこかにしわが寄って、かえって話ができなくなります。先にも見たように、「私」ということばは、定義できないことばの典型です。

一方、科学や専門的な職業の領域などにおいては、定義は一定の重要性を帯びています。しかし、その場合も、普遍性には限度があり、また絶対不変のものでもありません。

では、「定義」とは何なのか、そして、ことばの意味が定義以外の要因で共有されることがあるとしたら、それはどういう要因なのか。

言語に関するこれらの問題は、第三章で取り上げます。

固定観念はことばへの過信から

いずれにしても、「ことば」は、私たちの思考や会話にとって、たいへん重要なツールです。だからこそ、さまざまな先入観を取り払って、その長所と短所を知り、ていねいに使っていかなければなりません。そうしないと、「ことば」が私たちの思考を固定観念の中に閉じ込めるようなはたらきをしてしまいます。

たとえば、こどもの絵の中には、空を描くのに、画用紙の一番上の部分にだけ空色を塗ったようなものがあります。これは、空は「上」にある、あるいは「高い」ところにあるという言語的理解が絵に現れたものと考えることができます。その後、成長して観察力がついてくると、空色は、たとえば山の稜線や家々の屋根と接するところまで塗られるようになります。

芸術的なおもしろさがどうなのかは別にして、これなどは、私たちの世界認識のしかたとことばのはたらきとの関係を考えるにあたって興味ある事例です。

私たちおとなも、たとえばマネジメント的立場にある人が、ことばにとらわれたまま組織を見、ことばにとらわれたままマーケットを見る、そのようなことをしてしまっているケースがあります。

つまり、私たちの学びを阻害する固定観念というものは、言語に対する過信によって生まれる場合が多いということです。

「自己」や「私」という感覚もまた、「自己」や「私」ということばと強く結びついています。

そのような意味から、私たちは、「ことば」とのつき合い方について、もう一度あらためて考える必要がありそうです。

第3節

人と社会の理論

理論は経験的学びをサポートする

私たちは、一つひとつの「体験」から、語れないまま何かを学び、「知恵」として蓄積していきます。その切れ目のない連なりが経験的学びです(1)。

これに対して、マネジメントやリーダーシップ、あるいは人間の心理やふるまい一般に関する人文・社会科学の理論は、いったいどのような関わり方ができるのでしょうか。

これについては、次のように考えることができます。

私たちが体験から何かを学ぶとき、その体験からどのような知恵をどのようにして取り出し、自己の中に蓄積していくのか。何を反省し、どう修正していくのか。その指針として語れる限度ぎりぎりのところまで語られた原則は、「理論」として存在しうるということです。

そういう理論を知って、うまく用いることができれば、体験をいっそう価値ある学びの材料として活かしていくことができます。

もちろんその機能は、理論化されていない素朴なフレーズが果たすこともあります。それは座右の銘であったり、自らの気づきに基づく独自の表現であったりします。

いずれにしても、ことばによる知恵の一つである理論は、体験からより効果的に「学び」を得るための補助具です。それは、体験からの知恵の獲得をサポートしてくれます。これは、「マネジメント論」や「リーダーシップ論」をはじめ、人文・社会科学に含まれる多くの理論について言えることです[2]（第二章では、自己形成に直接役立つ理論を紹介します）。

ですから、これらの理論に語りすぎがあってはいけない。

つまり、実践に役立つ限度を超えて私たちの経験を理論化したり、あるいは、ある理論を実践に役立つ限度を超えて過剰適用してはいけないということです。

ある一線を超えて語りすぎると、それは「理論のための理論」「説明のための説明」、さらには、実践的な学びを阻害する要因にもなってしまいます。

理論というのは、「分ける」つまり類型化を伴う思考の方法であって、それはあくまでも言語的なものです。ですから、本来は体感的に学び取らなければならないようなテーマにおいて

（1）ここでは、「体験」と「経験」を、「個別の機会」とその「連なり」という関係に置いていますが、両者の意味の違いや使い分け方はそれぞれの語り手によります。
（2）マネジメント論やリーダーシップ論は、第一義的には技能を扱いますが、世界認識や自己認識という人格的な領域にも立ち入った議論が展開される分野でもありますので、自己形成のために役立つヒントが多く含まれています。

は、脇役の位置に置かなければならないのです。それをわきまえないと、頭だけの理解とほんとうの理解の区別がつかず、わかったつもりになってしまう。

しかし一方では、「理論から学べるはずがない」という食わず嫌いにも注意が必要です。理論は、経験からの学びをサポートするものであり、その限りにおいては有効です。このことを知っていれば、理論との間にちょうどよい距離を保つことができます。

この本の構成

この本の構成は、以下のようになっています。

まず、第一章では、実務的なトピックとして「マネジメント」を取り上げます。

マネジメントは、自己形成のプロセスを具体的なイメージでとらえるには絶好の材料です。

マネジメント行動は、基本的には試行錯誤、つまり日常の経験から学び取るものです。しかし一方では、体系的に言語化されたマネジメント理論は、日常の試行錯誤を通じた学びをサポートします。

その意味で、第一章は、経験的学びとしての自己形成のプロセスを、ことばによる知恵のはたらきとの関係から考えるという本書の方法を、具体的なイメージで理解するのに役立ちます。

続く第二章では、人文・社会科学に属する理論の中から、自己形成に直接役立つものをいくつか紹介します。そして、経験的学びに対して言語的な「理」を当てはめていく際のポイントを探ります。

第三章では、あらためて「言語」と「理論」の性質について考えます。またこれに因《ちな》んで、東洋的、日本的な思索を紹介し、「自己」の探求へとつなげていきます。

第四章では、これらの考察に基づいて、現代社会を生きる私たちの役割について考えます。

以上が本書の流れですが、とくに第三章の内容を深掘りしたい読者のために、最後に補章として、「より深い理解のために」を設けました。

第一章

マネジメントにみる実践的学びと自己形成

「マネジメント」と呼ばれる社会行動は、まさに経験から学びを得、同時にその成果を発揮するプロセスそのものです。しかも、そこには、自己形成という学びのエッセンスが凝縮されていて、これを具体的なイメージでとらえる絶好のモデルとなります。

そこで、この章では、マネジメントの実践に対して考察を向け、「自己形成」を考える手がかりとしましょう。

とくにここでは、日常の社会生活の諸要素が凝縮された「ミドル・マネジメント」を考察の対象とします。

もちろん本書は、必ずしも、読者がどこかの組織に所属していて、しかもミドル・マネジメントの立場に立っているということを想定してはいません。しかし、ミドル・マネジメントを例にとって経験的学びを考えることは、社会生活を送る上での基本的な学び、つまりは自己形成を考えることに通じます。

たとえば、ＰＴＡの会合で、ある保護者が大きな声で筋の通らない学校批判を始めたとき、校長でもＰＴＡの会長でもない別の保護者が、適切なふるまいによって議論を妥当な方向に戻すことができたとしたら、これは組織をマネジメントするのと同じ種類の力がはたらいたことになります。

あるいは、ある大学では、博士課程に在学中の理系の学生向けにマネジメントの特別授業が用意されています。実社会に出れば、さまざまな人たちとの共同研究の機会もあれば、自分自身の専門性を製品に結びつけるためのチャンスを自ら開発することも必要になります。そしてそれらの場合に求められる力は、マネジメント力と同種のものだからです。

本書は、マネジメントの研究書ではなく、マネジメント力強化本でもありませんが、経験的学びとしての自己形成を代表するモデルとして、しばらくはこれをテーマとすることにしましょう。

第１節　ミドル・マネジメントの実際
――経験的学びのモデルとして

トップと現場のあいだ

ミドル・マネジメントについて考えるためには、まず「マネジメント」の概念を押さえておかなければなりませんが、詳しい考察は第三節に譲って、ここでは、マネジメントとは「組織のはたらきを最適化する機能」であるということを知っておけば十分です[1]（あるいは、その機

（１）組織の運営形態が多様化し、部下をもたないマネジメント職が設置されることも一般的になっている現在、「マネジメント」の概念は、部下に対するはたらきかけという固定的なイメージとは一致しなくなっています。

能を担う立場を意味することもあります）。

では「組織」はというと、これも詳しい考察は第三節に譲りますが、ここでは「目的を共有する人々の集まり」と理解しておきましょう。

ですから、「組織のはたらきを最適化する」というのは、「せっかく同じ目的をもった人々が集まったのだから、集まっただけの価値を十分に引き出そう」というようなことを意味することになります。

それをトップ・マネジメントと現場のあいだに立って行う、これがミドル・マネジメントであり、それをする人がミドル・マネジャーです。

ミドル・マネジャーにとっての「組織」は、自分が預かる（もしくは自分が所属する）職場です。一般的には、「部」「課」「係」などと呼ばれますが、これを「単位組織」といいます。単位組織は集まって「全体組織」を構成します。

全体組織は、トップ・マネジメントの対象となります。

これに対してミドル・マネジメントは、職場つまり自分が預かる（もしくは自分が所属する）単位組織のはたらきを最適化し、これを通して、全体組織のはたらきの最適化に寄与する、そういう機能を担うことになります。

図1は、そのイメージ図ですが、ミドル・マネジメント（＝管理もしくは管理者層）は、マ

図１　ミドル・マネジメントの位置づけと機能（１）

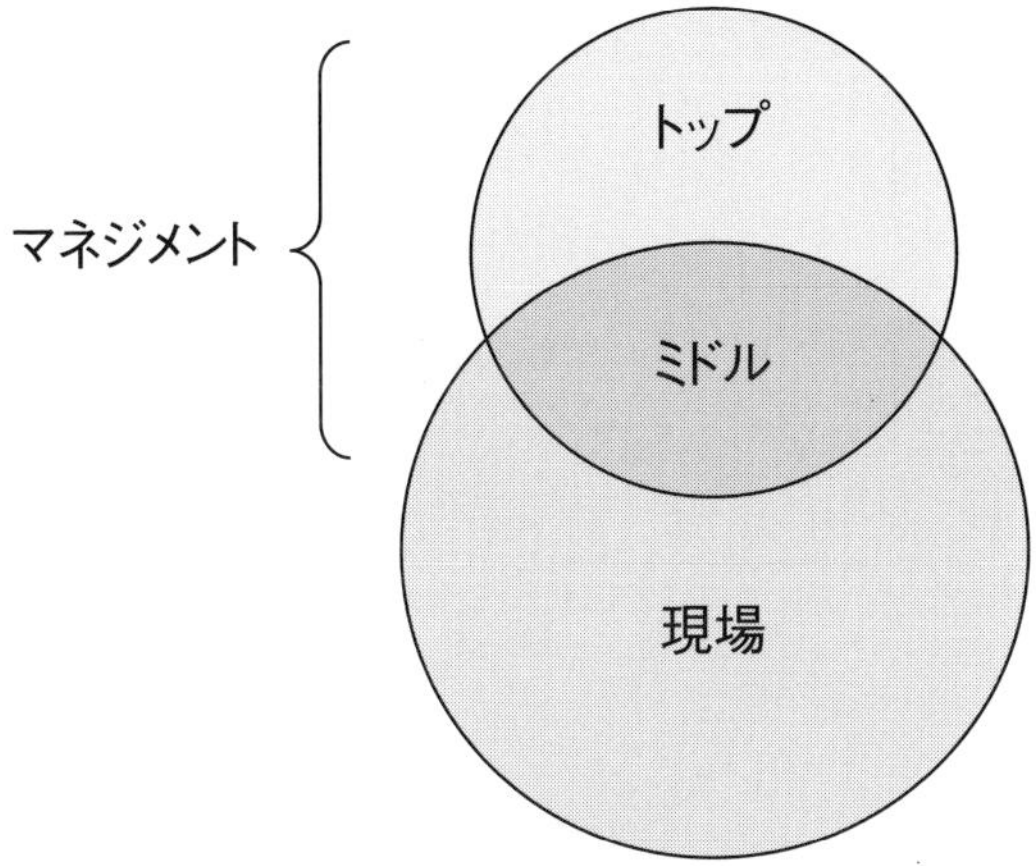

ネジメント機能を担うという点においてはトップ・マネジメント（＝経営もしくは経営者層）と同じカテゴリーに属します。しかし、トップ・マネジメントに比べれば、ずっと現場に近い位置にいて、メンバーたちと現場の苦労をともにしています。その意味では、現場とミドル・マネジメントは、同じカテゴリーに含まれることになります。

ミドルは、トップに与《くみ》して、無理を承知で現場に厳しい指示を出さなければならない場合がある一方で、現場のメンバーたちと一緒になってトップにものを言いたい（実際に言うかどうかは別にして）場合もあります。

このように、ミドル・マネジメントは、トップと現場のあいだというひじょうに微妙な位置に置かれています。この位置にあってミドル・マネジャーは、ことばにならないさまざまな「思い」（あ

図2　ミドル・マネジメントの位置づけと機能（2）

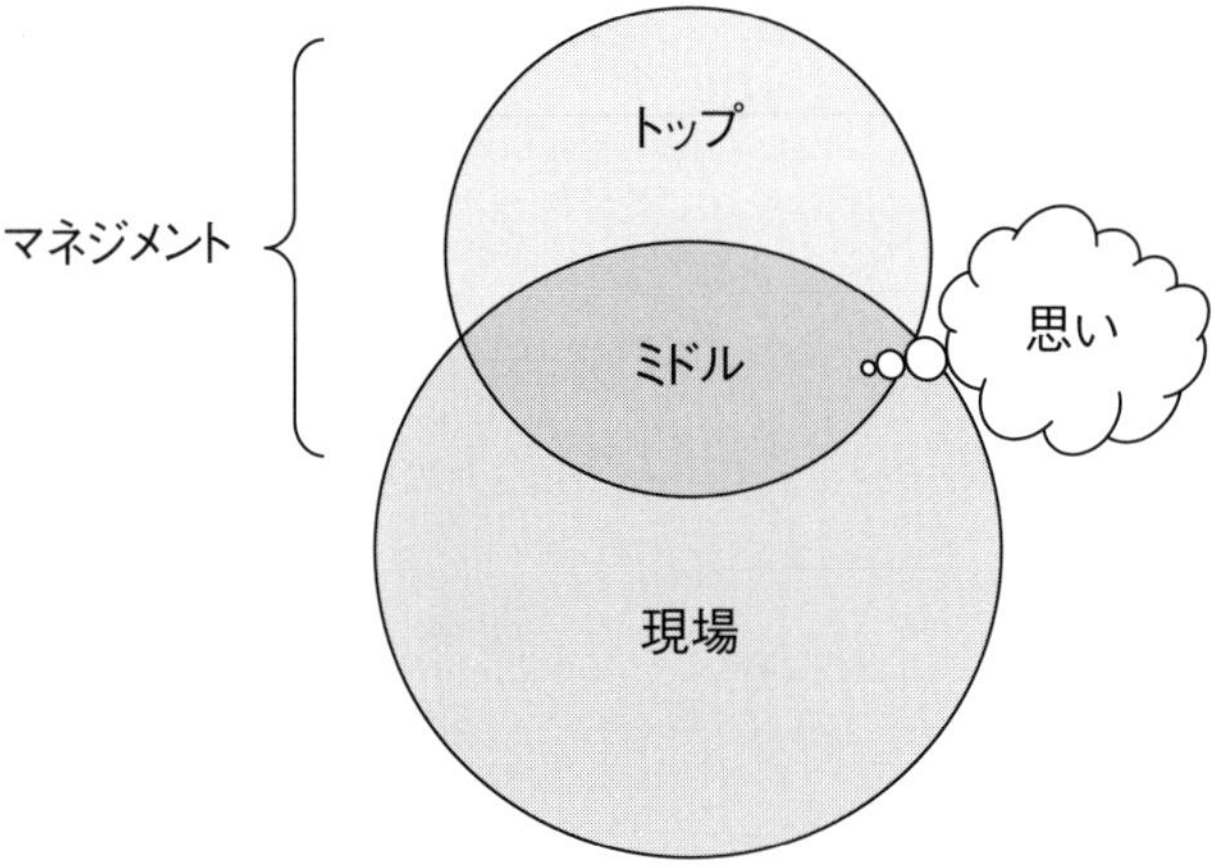

るいは「想い[2]」）を抱くことになります。それは、イライラやモヤモヤ、つまり何らかの苛立《いらだ》ちや不全感、はがゆさ、もどかしさなどがないまぜになった状態です。図2は、この様子を表しています。

マネジメント課題の形成
――「思い」からロジックを取り出す

ところが、トップと現場のあいだの微妙な位置というのは、積極的に表現すれば、「トップよりも現場を知り、現場よりも経営を知る」、そういう独自の位置です。ですから、そこにあってこそ生じる語れない「思い」は、ていねいに言語化することができるならば、トップや現場もその価値を認める組織的な知恵に変身する可能性を秘めています。

自分自身の語れない「思い」をあえてていねいに言語化する、これは言い換えれば、主観的「思い」から、うまくロジック（論理）を取り出すということです。これによって、まず自分自身が、自分の「思い」の内容を、確かめることができます。

また、ロジックは、他者と共有される可能性があります。もしそれができれば、ロジックを介して主観的な思いは他者と共有され、共同歩調をとろうとする意思を周囲から引き出すことができます[3]（次節で具体的なケースを紹介します）。

一方、「思い」から取り出したロジックが、ほかのだれにとっても価値のないものである場合は共有されません。その場合は、ロジックを再構築するか、あるいはその「思い」から離れるという選択肢があります（「禅」などの仏教的な哲学では、「思わない」のがむしろベースで

（2）「思い」と表記する場合は、どちらかと言えば言語的な性格をもつ「思考」が想定されています。したがって「ことばにならない思い」というのは、まだ完全にはことばに組み立てられていない状態の「思考」というニュアンスです。これに対して、「想い」と表記する場合は、どちらかと言えば映像的、イメージ的な内容が想定されます。ただし、私たちはある映像を想い浮かべる場合にも、完全に言語から離れているわけではありません。したがって、いずれの表記でもそれほど大きな違いはありませんが、本文のこの文脈では「思考」の色合いが強いので、便宜的に「思い」の方を使用することにします。なお、禅などの瞑想は言語から離れることを一つのねらいとしますから、これを解説する書などでは、「意識状態を『思い』から『想い』に変える」といったような表現を用いている例があります。

（3）主観というものは、広く共有される可能性を有しています。フッサール（エトムント・フッサール、E.Husserl、1859～1938）は、哲学の世界に「現象学」と呼ばれる一つの学派を確立しましたが、そこではこれを「間主観性（または相互主観性、あるいは共同主観性）」と呼んでいます。「現象学」は、主観が共有される条件を追究することを一つのテーマとしています。

す。「思わない」ということは、あらゆる先入観を排していつでも自由に「思う」準備ができているということです。本書では、第三章で、このあたりの論理についても取り上げます)。

このような方法で自分の「思い」を自己マネジメント[4]することは、組織をマネジメントする立場にある人だけではなく、すべての生活者にとって必要なことです。

仮に「思い」からロジックを取り出すことができて、それが周囲に共有され、何らかの全体的メリットが生まれるならば、私たちは、果敢《かかん》に「思い」の言語化、つまりロジックの取り出しに挑戦しなければなりません。

ミドル・マネジメントで言えば、それはたとえば、より高いレベルの顧客満足を生み出す組織行動につながる、あるいは仕事に対するメンバーたちの意欲が高まる、自然環境への負担を減らすことができる、コストダウンにつながるなど、顧客や組織、そして社会全体のメリットにつながるような場合です。

ミドル・マネジメントにおけるこの努力を、「課題形成」と呼びます。「課題」ということばに固定的な定義があるわけではないのですが[5]、ここでは「取り組むべきことがら」という意味で理解してください。それを「形成する」というのは、その内容をことばで明らかにするということです。

そして、斬新で建設的なマネジメント課題は、ミドル・マネジャーの暗黙的な「思い」の中

図３　ミドル・マネジメントの位置づけと機能（３）

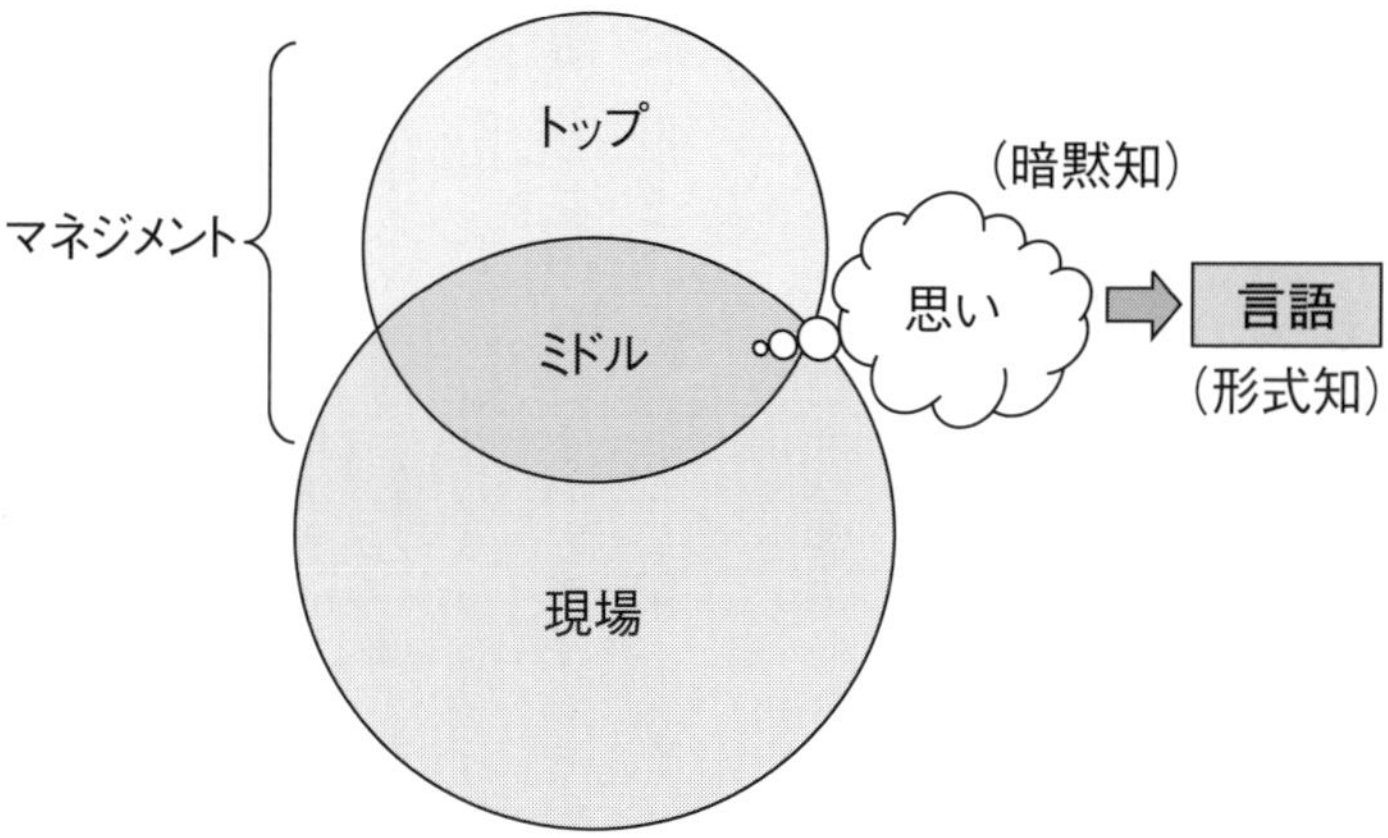

にその素材が潜んでいます。

図３はこの様子を表していますが、図中の「暗黙知《あんもくち》」「形式知《けいしきち》」というのは、哲学者マイケル・ポラニーが提出した概念です。(6)

（４）この場合は、「マネジメント」という語を「自己のはたらきを最適化する機能」を意味するものとして使用しています。

（５）「課題」は、割り当てられた問題というような意味をもつ語で、中国語源のようです。英語では、おもにテーマや議題などを意味する theme や subject がこれに対応しますが、むしろ challenge という語の方がこれに近いニュアンスをもちます（たとえば、It's our challenge. は、「それは私たちにとっての課題だ」というニュアンスです）。一方「問題」は、英語の problem の訳語に充てられたことばですが、元はこれも中国語源のようです。いずれのことばも、わが国の古文書に見られます。現在、この二つのことばは、ほぼ互換的に用いられています。

（６）マイケル・ポラニー（M.Polanyi, 1891〜1976）。ポランニーと表記されることもあります。主要な著書としては、*The Tacit Dimension*（1966年）が挙げられます。邦訳は、佐藤敬三訳『暗黙知の次元』紀伊國屋書店（1980年）と、高橋勇夫訳『暗黙知の次元』ちくま学芸文庫（2003年）の二つがあります。

暗黙知と形式知

ポラニーの言う「暗黙知（tacit knowing）」は、個人的で主観的、非言語的な知恵のはたらきを指します。たとえばスポーツにおける技能や熟練工がもつ技能などの身体的な知恵、長年の経験から得られる勘、あるいは、ある事実を一瞬にして別の何かに関連づけるときの発想などがそうです。その知恵の内容やプロセスは、言語化して他者に伝えるのは難しいのですが、この暗黙知こそ、私たちの知恵や思考の基本です。

これに対して、言語化された知恵や思考のことをポラニーは、形式知（explicit knowing）と名づけています。

ポラニーは、元は物理学者でした。

物理学の研究成果は、すべて言語化された論文で発表されます。これは物理学に限らず、科学の世界ではすべてそうですが、とくに物理学では、言語の中の言語である「方程式」がその中心に据えられます。しかしそれは、研究者自身の語れない個人的なひらめきを、なんとか言語化して他者と共有できる形式に仕上げようとする試行錯誤を経て生まれるものです。

ポラニーは、こうした知恵のはたらきに注目して、その後は、知恵の研究つまり「哲学」に活動の中心を移しました。そこから生まれたのが、言語化されていない個人的、主観的な知恵としての「暗黙知」、そして言語化された知恵としての「形式知」の概念でした。そしてポラニーは、「暗黙知」の重要性を強調しました。(7)

暗黙知は、マネジメント論の中でも重視されるにいたっています。

課題の形成から共有へ

さて、ミドル・マネジメントに話を戻しましょう。

自身の主観から共有可能性の高いロジックを取り出したならば、今度はそれを実際に議論の場に持ち込まなければなりません。その相手は、たとえば上位マネジャーであり、そして職場のメンバーです。これが、ミドル・マネジメントにおける「課題共有」の局面です。

課題共有の場としては、たとえば目標設定面接や会議などの公式な場もあれば、個人的で非公式な場もあります。あるいは、文書もまた手段の一つです。これらの機会や方法をどのように選び、組み合わせていくのか。その工夫もまたミドル・マネジャーの力量の一つです。

いずれにしても、課題共有というのは、何らかのコミュニケーション手段を用いた対話です。

(7) ポラニーは、おもに1950年代の著作を通して「暗黙知」の重要性を指摘しましたが、その後、1960年代になって、脳生理学の見地から右脳と左脳のはたらきの違いが発見されるにいたりました。ポラニーのいう「暗黙知」と脳生理学的に見た右脳のはたらきとは、相互に関連づけて考えることができます。

もちろんその目的は、課題を解決するための協働行為を導き出すことにありますが、もう一つ、対話から得られる効用があります。それは、対話には、発言に対して否定が向けられる可能性が含まれているということです。

否定される可能性を効用と呼ぶのはなぜかと言えば、否定の契機（＝きっかけ／動因）がはたらいてこそ、その否定に耐えるより精度の高いロジックが生まれるからです。侃侃諤諤《かんかんがくがく》の議論には、そうした効果があります。

否定を介してより精度の高いロジックを導きだす思考方法を「弁証法[8]」といいますが、課題共有場面はまさに弁証法的な対話の場です。

また、そのような対話場面が控えているからこそ、課題形成の際の思考過程――つまり暗黙知からロジックを取り出す過程――においても、さまざまな否定を予測して、より精度の高いロジックに組み立てようとする意識が生まれます。

だれかに話そうと思えば、考えがより精緻になるということです。

仮説としてのマネジメント課題

そもそも、形成されたマネジメント課題はつねに仮説であるということを、私たちは受け止めなければなりません。

「課題」というのは、これから取り組むべきことです。ですから、それがほんとうに課題なのかどうかは、取り組んでみてのちに見えてくるものです。

ですから、取り組みを始めることによって生じる新たな負担、たとえば費用面や労力面の負担に限度を設けて、その限度内であるならば取り組んでみる価値があるかどうか、これに関する合意を取りつけるのが課題共有です。つまり、課題共有場面において得ようとするものは、課題の正しさに関する合意ではなく、やってみる価値についての合意です。

仮説としてのマネジメント課題をだれも提唱しない、あるいはすでに取り組んできたことだけが正しいと証明できることなので、それ以上のことはやらない、そのような組織は、いずれ変化する社会的要求に応えられなくなって、存在価値を失っていくしかないのです。

ちなみに、マネジメントにおける課題共有場面は、科学の世界で言えば論文発表に該当します。それは、ある研究者の個人的なひらめき、つまり暗黙知を、論文という形式知に整備して、広く学界から承認を得る手続きです。同時にそれは、反論の場に自らの考えを晒《さら》すための手続きでもあります。

（8）「弁証法」といえば、プラトンやヘーゲルなど、それぞれの哲学者たちによる独自の理論がありますが、ここでは、否定を契機として肯定を得るという一般的な意味合いでこのことばを用いています。

実は、科学理論もまたつねに仮説なのです（詳しくは第三章で取り上げます）。論文は、あえてそれを反論の危険に晒《さら》すための手続きです。それでも根本的な反論に出会わず、あるいは、別のよりよい説明に取って代わられることがないのであれば、その間は理論として承認されるのです。

このように、マネジメントの大きな流れと科学のプロセスは、ひじょうに類似しています。

課題形成、共有、解決プロセスとしてのマネジメント

上位マネジャーやメンバーたちとの課題の共有に成功し、協力が得られる状態になったならば、今度はともに解決行動を模索します。これが、ミドル・マネジメントにおける「課題解決」の局面です。

図4は、ミドル・マネジメントを、「課題形成」「課題共有」「課題解決」の相互循環的なプロセスとしてとらえたモデル図です。

「課題形成」のところには、What / Why と付記されています。

これは、課題の形成とは、「何が課題か？」そして「なぜそれは課題か？」を問い、仮説を立てる過程であるということを意味しています。ここで言う Why は、そのような課題が発生した原因ではなく、それが課題である理由を意味します。

図4　「課題」をキー概念にしたミドル・マネジメントのプロセス図

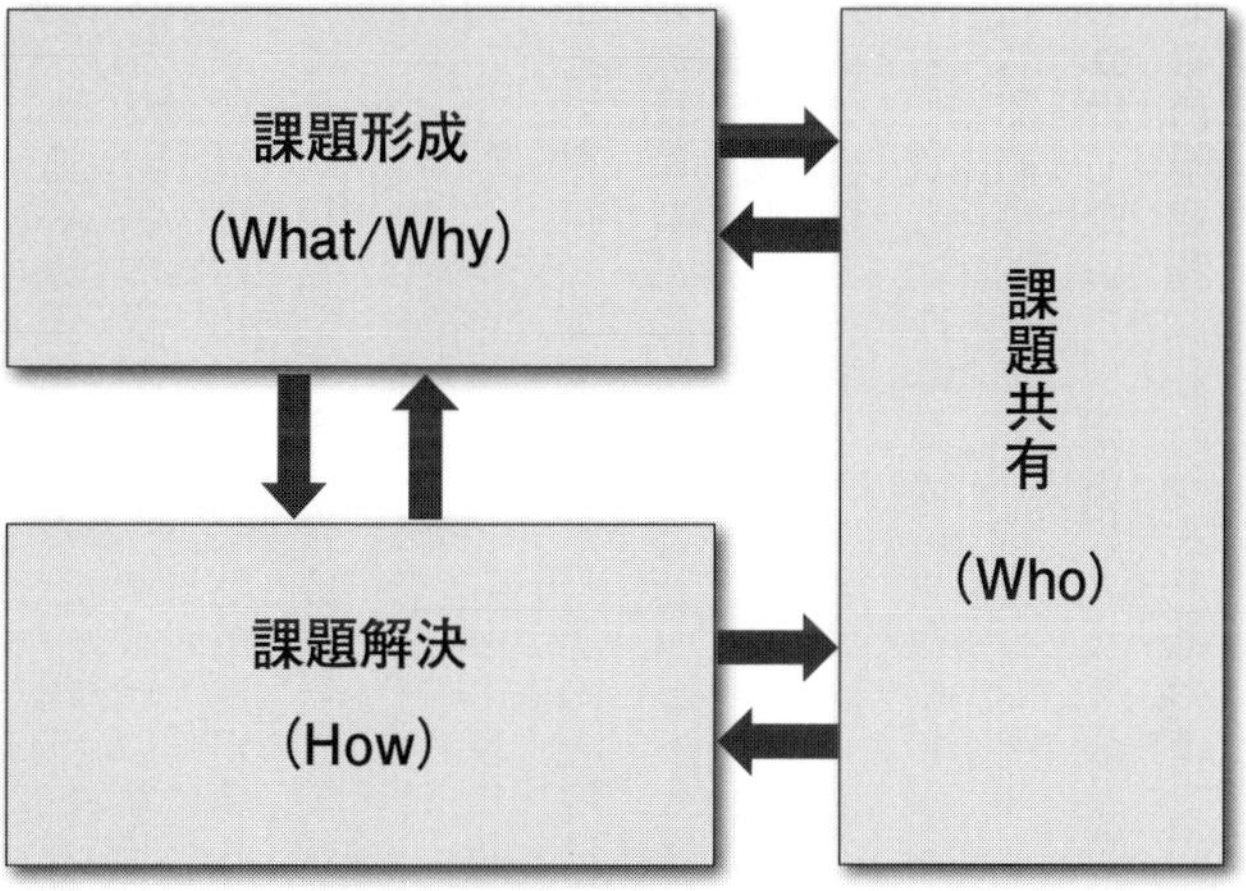

「職場が取り組まなければならないことは何（What）か？」、また、「なぜ（Why）それは、（この忙しいときに）一定の負担を伴ってまで取り組まなければならないのか？」

「課題形成」とは、これをことばによって明らかにするプロセスです。

ミドル・マネジャーは、これを、「トップよりも現場を知り、現場よりも経営を知る」位置にいてこそ生じる「思い」を言語化する、つまり自身の暗黙知を形式知に変換する方法によって行います。

ミドル・マネジャーの本音は貴重な経営資源

ここで、「トップよりも現場を知り、現場よりも経営を知る」ということの重みをもう一度吟味しておくことにしましょう。

ミドル・マネジメントの立場をそのようにとらえ

るならば、その「思い」の背景には、一方には組織の川上からの情報、つまり経営理念や経営方針、あるいは業績目標など、理想的な組織の状態を示す、しかもあらかじめきれいに形式知化された命題情報があります。そして一方には、現場の苦労の数々や、顧客の厳しい反応ない し要求に対する体感的な暗黙情報があります。

つまり、相互に矛盾し合う異質な情報が目の前で交錯する、それがミドル・マネジメントの置かれた場所であるということです。

もちろん、経営理念は、あらゆる立場の組織メンバーにとって、思考や行動の基礎になるものとして存在します。しかしその表現はあくまでも抽象的で、これを実際の職場運営に反映させるのは至難の技です。職場メンバーから、「経営理念と売上げ目標のどちらが優先するんですか?」という質問が飛び出すようなケースはいくらでもあります。

このように、ミドル・マネジメントのおかれた位置は、上からも下からも、そしてまた外部からも、質の異なるさまざまな情報がいやおうなく集まる場所です。ですから、そこにいてこそ生じる暗黙的な思い、つまりミドル・マネジャーの「本音」は、その内容の取捨選択と編集のしかたしだいで、組織にとって最重要な情報資源となりうるのです。

その作業過程（もちろん意識の中での作業です）においては、言語が重要な役割を担います。「思い」から共有可能なロジックを取り出すというのは、そういうことです。

ただし、素材そのものはあくまでも「思い」、つまり暗黙知であること、そして言語は、この落ち着きの悪い暗黙知を便宜的に固定するための方便であること、これを理解しておくことが必要です。

ちなみに、図4の「課題共有」のところに付記されたWhoは、「形成した課題はだれと共有されなければならないか?」という問いを意味しています。つまり課題共有とは、課題の共有者を選択し、はたらきかける過程です。

また、「課題解決」に付記されたHowは、「形成された課題をいかにして解決するのか?」という問いを意味します。つまり課題解決とは、形成された課題に対する具体的な解決策を検討し、実行する過程です。

したがって、このHowの中には、いわゆる5W1H（あるいはhow muchを加えて5W2H）のすべてが含まれます。

マネジメントそのものが暗黙知

さて、これまで、ミドル・マネジメントの大きな流れを、「課題形成」「課題共有」「課題解決」という三つの概念を要素として説明してきましたが、実際のミドル・マネジメントは、このように、概念で割り切ってとらえることができるようなものではありません。

たしかに、目標による管理システムの運用のしかたや人事考課のしかたなど、マネジメントに伴うさまざまな事務については、その手順をマニュアル化し、それを使って学ぶことができます。しかし、マネジメントそのものは本来語れるものではなく、その技能もまた試行錯誤の繰り返しによって体得していくしかない。つまりは経験的な知恵であり、暗黙知です。

たとえば、「課題形成」は、自身の暗黙知からロジックを取り出すことによって行われますが、そのやり方もまた暗黙知です。

しかし、一方では言語による学習も有効です。

今、皆さんは、ミドル・マネジメントについて語るこの文章を読んでいます。これは、言語による学習の実例です。

言語による学習は、経験的な学びをサポートします。ただし、言語による学習を有効なものにするためには、言語がもつ性質をよく理解しておく必要があります。

言語については第三章で詳しく取り上げますが、詳しい考察を待たなくても、言語的説明がきわめて便宜的なものであることは明らかです。

言語的説明というのは、説明しようとする対象を何らかの方法で分解し、分けたそれぞれのブロックに対してことばを充て、それらのことばを組み立てることによって説明しようとすることです。「わかる」ということばが、「分ける」からきているのもそういう事情によります（常用漢字表では、「わかる」の漢字表記は「分かる」となっています）。

たとえばこの節においても、マネジメントを、「課題形成」「課題共有」「課題解決」という三つの要素によって説明しましたが、これなどはまさにその例です。

実践場面で、「私が今やっているのは課題形成か、それとも課題解決か、いや課題共有か？」などと問うのはナンセンスです。実際のマネジメントにおいては、たとえば職場メンバーたちとの雑談の中から偶然にキーワードが飛び出して、それによってみんなが抱いていた暗黙的な思いが課題として浮き彫りになるというケースがあります。この場合は、「課題形成」と「課題共有」の局面が同時に発生していることになります。

あるいは、「課題形成」にはWhat、「課題解決」にはHowという疑問詞を対応させましたが、実際には、両者のあいだに明確な境目があるわけではなく、二つの関係は相対的なものです。つまりHowから見ればWhatはその目的に当たりますが、Whatも、さらにその奥にある目的から見ればHowに当たります。ですから、「どこまでがWhatで、どこからがHowか」などと問うのはナンセンスです。

このように、言語的説明やその典型である理論は、あくまでも一つの説明モデルなのです。それから、一度にすべてが語れないというのも言語の特徴の一つです。

本来は順番などないものについても、語るに際しては何らかの順序づけが必要です。

ちなみに、図4の、三つの要素間に描かれた矢印は、これら三つの要素には、さまざまな時間的関係があって、つねに一定の順序で現れるものではないということを示しています。

このように、経験から学ぶのが本来であるようなことがらについて、言語的な説明によるサポートを得ようとするならば、その限界を見極めた上でこれを用いることが必要です。

「本音」の自己マネジメント

以上、ミドル・マネジメントについて概観してきましたが、とくに、微妙な立場にあってこそ生じる自身の「本音」とどのようにつき合うか、これをどのように自己マネジメントするか、というところに焦点を当てた展開としました。

そして、「本音」をもつことはしごく当然であるというところを出発点として、それとのさまざまなつき合い方が考えられる中で、共有することが可能であり、かつ共有することが必要であるものについては、それを言語化しなければならないということを強調してきました。

もちろん、これを仕事として行うのがミドル・マネジメント、あるいは広くマネジメント一般ですが、日常生活においても、その原理に違いはありません。

私たちは、組織に所属している人もそうでない人も、社会生活を送る以上は何らかの意味で微妙な位置におかれています。ここでは、微妙な位置を代表するミドル・マネジメントに対して考察を向けてきましたが、実はすべての生活シーンの縮図としてこれを受け止めることができます。

ちなみに、職場の中堅的な立場にいる若いリーダーの場合も、この節で行ったミドル・マネジメントに対する考察がそのまま当てはまります。

このクラスの人たちは、現場の一員でありながら、実質的にマネジメント機能を担うことが期待されているからです。図5はそのイメージ図ですが、ミドル・マネジメントのイメージ図（図3）と比較してみれば、ほぼ相似形をなしていることがわかります。

一方、組織のトップは、トップ・マネジメントの位置において生まれる「本音」がありますし、現場の人たちもまた同様です。組織に所属

図５　中堅リーダーの位置づけと機能

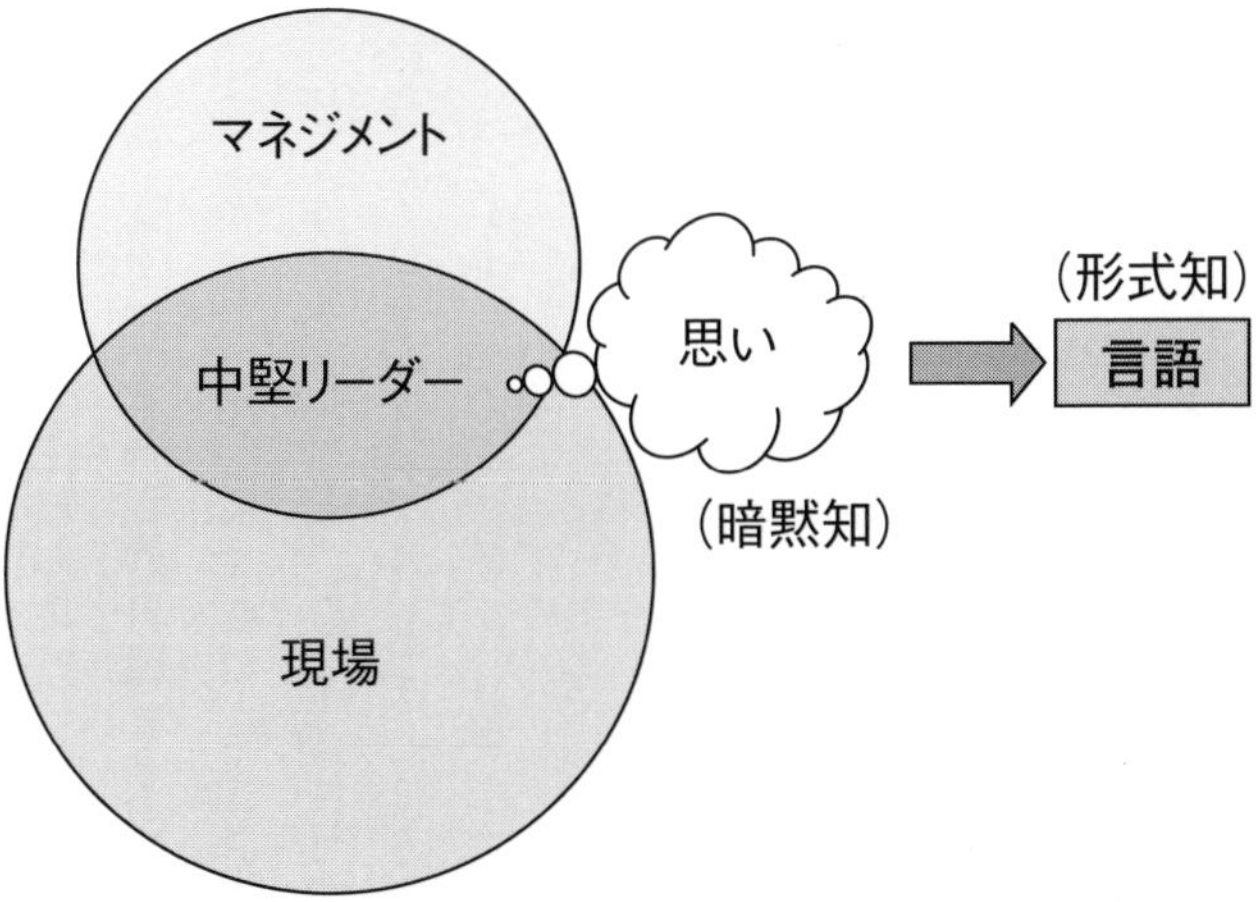

していない人たちもまた、地域や家族という生活シーンにおいて、語れない「本音」を抱いています。

私たちはこの節で、ミドル・マネジメントを例にとりながら、実は「本音」の自己マネジメントこそが自己形成の重要なテーマであるということを見てきました。そしてそれは、基本的には経験的な学びのプロセスであり、言語的説明はこれをサポートする限りにおいて有効です。

次節では、「本音」の自己マネジメントについて、さらに詳しく見ていくことにしましょう。

第2節 マネジメント課題の形成プロセスに学ぶ

暗黙的な思いからロジックを取り出すという感覚

第一節では、経験的な自己形成プロセスのモデルとして、ミドル・マネジメントの場合を取り上げてきましたが、この節では、その中からとくに「課題形成」の局面を取り出して、私たちの「知恵」のはたらきを詳しく知り、これを磨くためのヒントを導き出すことにします。

まず、次のケースで考えてみましょう。(9)

〈ケース〉

あなたは、全国のデパート地下に店をもつ老舗《しにせ》洋菓子メーカーに勤務し、ある地域の販売促進を担当する部署のマネジャーを務めている。商品については、味、品揃えともに定評がある

(9) このケースは、拙著『マネジメントが目指すもの――行動の変革から認識の成長へ』産業能率大学出版部（1999年）に掲載したものと同じ素材を使っています。課題形成のための思考プロセスを理解するのに最適なケースなので、あえて再掲しました。ただし、設定にいくつかの変更を加えています。

が、景気後退を背景に個人消費が低迷し、担当する地域のデパートの売上げは前年同月比5パーセント低下している。そして、地域の自社各店の売上げもまた、前年同月比5パーセント低下しているようだ。あなたは、何を取り組むべきことがらとするか。
ちなみに、早急《さっきゅう》に新製品の開発に着手するという本部方針はすでに出ている。

さて、あなたは、事例文中のどのような事実に対して、とくに強い関心、あるいはこだわりをもったでしょうか。

たとえば、「担当する地域のデパートの売上げ低下率が5パーセント」である。一方、「地域の自社各店の売上げ低下率が5パーセント」であり、両者が一致している。ただし、「味、品揃えには定評がある」。

これらの事実が気になった人、あるいは何か特別な一つながりの「意味」を感じた人は多いと思います。反対の言い方をすれば、何かの「意味」を感じるから、これらの事実が気になったのです（もちろん、興味関心には個人差がありますから、これは一つの例です）。

この「意味」というのが、当事者ならではの「思い」に該当します。しかし、それはまだ何らかのひらめき、あるいはもどかしさや不全感であって、言語化されてはいません。つまり、「暗黙知」の状態です。

このように、私たちの暗黙的な「思い」は、何もないところから生まれるのではなく、何らかの「事象」（＝客観的事実、できごと／ものごと）に対して感じ取った「意味」として生じます。

では、この場合、その暗黙的な「意味」を言語化すれば、どのようになるでしょうか。

たとえば、「デパートと当社の売上げ低下率が同じだということは、味、品揃えとも定評を得ておきながら、結局、顧客を引きつけているのは当社ではなく、デパートのブランドであるということになる。もしそうならば、当社の商品に出合って満足した顧客に対して、再び満足を得ていただくための工夫ができていないということになるのではないか」という一つのロジックの展開が可能です。

あるいは、「デパートのみを販路とすることが顧客のニーズに合っていない」という方向にロジックが展開されるかも知れません。

そして、諸般の事情から、仮に前者のロジックを選択したとき、たとえば「リピーターの確保」というマネジメント課題が誕生します。

もちろん、このように、筋の通った文脈が一気に整うわけではありません。実際には、ああでもない、こうでもないという試行錯誤が伴います。

「思い」からロジックを取り出す、あるいは「暗黙知」を「形式知」に変換するというのはこういうことです。

このように、「事象」に見出した「意味」は、言語化されてはじめて「解釈」としてロジカルに展開されていくのですが、実は、ほかでもないその「事象」に意識が向くということは、その時点ですでに暗黙的な「解釈」がかなりの程度成り立っているのです。これを暗黙的なままにしないで言語に展開する。

言語に展開すれば、ストーリー（＝文脈）が見えてきます。そして同時に、ストーリー中の不整合や自己矛盾、論理の飛躍や見落としなどに気づいて、補正していくことができます。斬新で建設的なマネジメント課題は、このようにして生まれます。

目標を自主設定するとは

「目標による管理」と呼ばれるマネジメント制度においては、目標の自主設定が大原則とされます。ところが実際には、ある営業課長が、「課の売上げ目標10億円」という目標を自主設定すると、上位マネジャーである部長は、「確かに自主設定が原則ではあるけれども、15億円程度の目標を設定してくれなくては困る」と意味不明なことを言い出す。そして営業課長は、やむなく自主的に目標を上方修正し、これを受けて、個々の営業課メンバーも少しずつ自主的に目標を上方修正する。

厳しい競争の世界では、このような実態が生まれるのは当然です。

これは、職場に求められる最終的な成果、あるいはこれに近いものに関する目標――これを「結果目標」と呼ぶことにしましょう――に、むりやり自主設定原則を当てはめようとするからです。確かに、理論上は、結果目標の自主設定も可能なのかも知れませんが、現実にはなかなかそうはいきません。

実務世界においては、結果目標の設定にあたって大切なことは、自主設定であるかどうかというよりも、設定者本人と関係者とのあいだで合意が成立しうるかどうかということです。設定者本人が、厳しい現実に鑑《かんが》みて受け入れやむなしと最終的に判断したのなら、それは合意に基づく公式な目標なのです。

では、ほんとうの意味での自主設定の原則は、どこに適用されるのでしょうか。それは、本書で「プロセス目標」と名づけようとするところのものです。それは、結果目標を達成するための地道なプロセスに関する目標です。

たとえば、先ほどのケースの主人公が形成したマネジメント課題が「リピーターの確保」であったとしたら、それをどの程度実現しようとするのかを定めておかなければ、具体的な施策の立案にいたらないし、周囲との歩調も合わない。そこで、たとえば「期末までに当拠点ブロックにおけるリピーター数が30パーセント増えている」という表現を置いてみる（この表現例は、現在のリピーター数をつかむ手立てがあればの話ですが)。そして、これを上位マネジャーと職場メンバーに向けて表明する。

これがほんとうの意味での、目標の自主設定です。

つまり、目標の自主設定という原則は、「プロセス目標」にこそ適用されるべき原則なのです。

そしてそれは、地道なプロセスに関する目標ですから、その達成の影響は来期や再来期にも及んでいく可能性があります。たとえば、増えたリピーターは、長く当社のファンであってくれる可能性があります。その意味で、「プロセス目標」のことを「資産形成的目標」と呼んでもいいでしょう。

「プロセス目標」はこのように、今期の成果に対応する「結果目標」と価値的に同等の重みをもつものです。

また「プロセス目標」の設定は、課題形成、課題共有、課題解決の三つのマネジメント行動をつなぐ要《かなめ》となる作業でもあります。

ちなみに、マネジメント課題には、業務に直結する「業務課題」、職場内部の問題に関わる「組織運営課題」、そしてメンバー個人個人の指導や動機づけに関する「人的課題」の三種類がありますが、現実には、これらの要素を同時に含むような課題も存在します。

ちなみに、「リピーターの確保」は、明らかに業務課題に含まれるものと考えていいでしょう。

主観が肯定されてよいか

課題の形成は、取り組むべきことがらを明らかにする作業であって、原因究明とは異なります（ただし、両者が一致する場合もあります）。

たとえば先のケースの場合、売上げ低下の原因を求めても、それは個人消費の低迷であるということになります。また、さらにその原因を求めても、それは景気の先行き不透明感だということになる。またその原因はと言えば、たとえば金融資本主義の破綻であり……と、どこまでも第三者的、評論家的な説明に陥っていくだけで、「なぜを三回問え」の原則は通用しません。

しかし、このことは、従来私たちが信じていた客観的な思考を否定しているようにも見受けられます。このあたりのところを、どのように考えればいいのでしょうか。

それは、こうです。

確かに、原因究明型の思考は客観的で、意味解釈型の思考は主観的であると考えるのは当然のことのように思われますが、実はすでにこの時点で誤りがあります。

そもそも、ものごとの因果というのは、無限の広がりの中の、無限のつながりから成り立っているのですから、その中のある事象を取り出して、その原因は何かと問うてみたら、結局は世界全体を説明しなければならなくなります。

たとえば、なぜ私が今ここにいるのかと問われたら、両親の出会いやその両親の出会いについても語らなければならないし、さらには生命の誕生、そして宇宙の始まりにも話が及びます。つまり、物質が反物質の量をわずかに上回ったというのも、私がここにいる原因の一つです。そうかと思えば、福岡に行くはずだった出張が中止になったからというのも、私がここにいる原因の一つです。まさに無限です。

しかし、実際に、「あれ、何でここにいるんですか？」と尋ねられて、「それは君、物質が反物質を上回ったからだよ」などと言う人はいないし、いれば絶対にけんかになります。

つまり私たちは、客観的にものごとの因果を語っているように見えているときにも、実は状況に応じて、一本、あるいはほんの数本の因果の筋道にあたりをつけて説明を組み立てているのです。ですから、何かの因果を語る、あるいは何かの原因を究明するということは、すでにそこに主観的な思考がはたらいているということになるのです。

問題は、何の原因を究明しようとするのかということです。

ケースの場合、先に見たように、売上げが低下した原因を究明してもしかたがない。しかしデパートと同じ低下率である原因は、どうも追究してみる価値がありそうだ。そういう直感[10]がはたらきます。それは、「うん？」という何かひっかかるもの、つまりくやしさとか、はがゆさがあるからです。これが「暗黙知」です。

そこから、顧客の再来店を促す工夫が欠如していたということが仮説として浮かび上がります。

この意味での主観、つまり当事者ならではの感覚がとても重要なのです。

日常の認識

ここで、私たちの日常における「認識」のはたらきについて考えてみることにしましょう。たとえば、訪問先のテーブルの上のどこかに灰皿が置いてあるとします。このとき、たばこを吸う習慣がない人の多くはそれに気づきません。ところが、愛煙家はすぐに気づきます。それは、灰皿の存在に対して、「たばこが吸える」という「意味」を暗黙的に感じ取るからです。このように、私たちがある「事象」に気づくのは、それに対して、何らかの「意味」を暗黙的に感じているからです。これを「意味解釈」、あるいは端的に「解釈」と呼ぶことにします（あるいは「文脈形成」と呼んでもいい）。

(10)「直感」ということばは、ある事実に接したとき、それに関連する別の大切な事実（たとえば結末や原因、あるいは同時に起こりうることなど）に向けて、瞬時に思いがいたることを指してよく使われます。これに対して「直観」は、哲学的な用語で、論者によってさまざまな使われ方がありますが、たとえば、見る側のあらゆる思慮分別を離れて、それそのものを見るという意味合いが込められている場合が多いようです。

つまり、私たちの「認識」のはたらきは、五感による「事象知覚」と、暗黙的な「意味解釈」から成り立っています。

意味解釈のはたらきは、事象を知覚する（＝五感で感じ取って意識に取り込む）ことによって生じますが、逆に意味解釈しようとするからその事象が知覚されます。

このように、「事象知覚」と「意味解釈」は、お互いに、一方が他方のきっかけになるような関係にあります（次ページの図6を参照してください。また図7は、先ほどの洋菓子メーカーのマネジャーの場合を図にしたものです）。

ですから、私たちがある特定の事象に気づいたときには、すでにそれに対して、個人的で主観的、非言語的な「意味解釈」が起きているのです。つまり私たちは、無限に広がりをもつ世界の中から、自分にとって意味あるものを選んで、その暗黙的な意味に導かれて、ある対象を知覚しているのです。私たちは、カメラのように世界をありのまま見ているのではないということです。

この関係がわかりにくければ、「事象」と「意味」との間に、「ということは」という接続詞的な表現を置いてみればよくわかります。

たとえば、

「灰皿が置いてある」ということは、「たばこを吸ってもいい」。

図６　私たちの「認識」とは、「事象知覚」と「意味解釈」の相互循環的過程である

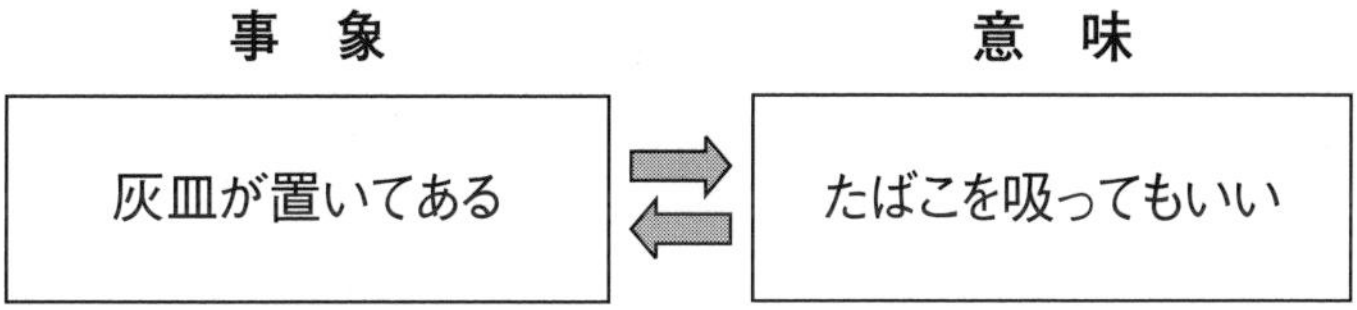
事　象
意　味
灰皿が置いてある
たばこを吸ってもいい

図７　「認識」のはたらきとマネジメント課題の形成

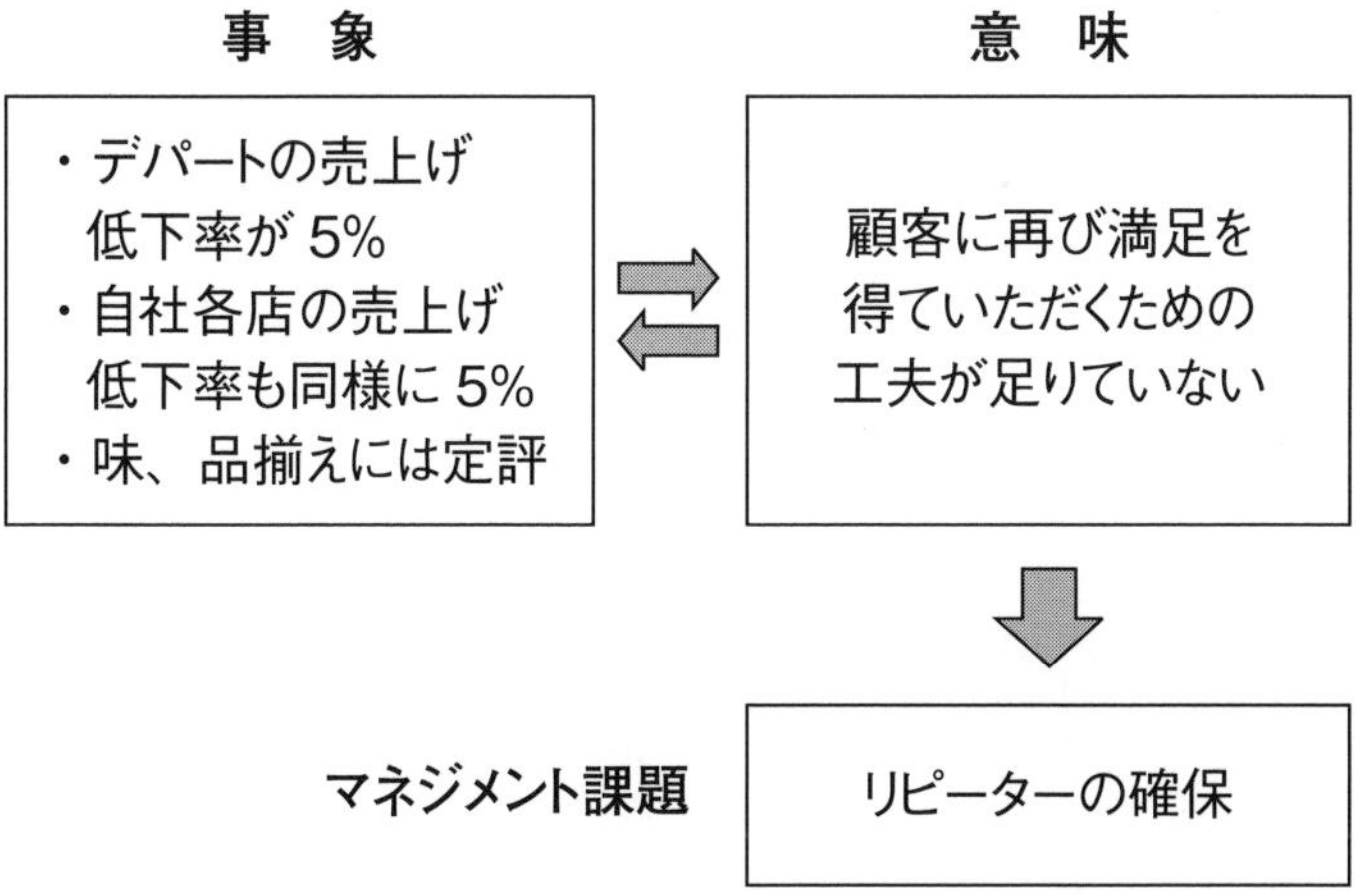
事　象
意　味
・デパートの売上げ低下率が 5%
・自社各店の売上げ低下率も同様に 5%
・味、品揃えには定評
顧客に再び満足を得ていただくための工夫が足りていない
マネジメント課題
リピーターの確保

「デパートの売上低下率が5パーセント」「自社各店のそれも5パーセント」「味、品揃えには定評」ということは、「顧客に再び満足を得ていただくための工夫が足りていない」という具合です。(11)

個人的な暗黙知と普遍的な理論

少し話は逸《そ》れるのですが、マーケティング理論の中に、「マーケティング・ミックス」と呼ばれるものがあります。中でも、「4P」の考え方はたいへんポピュラーです。

これは、マーケティングの思考技術に関する理論です。マーケティングの要素として、製品(Product)、価格(Price)、販路(Place)、販売促進(Promotion)の4項目を抽出して、その最適な組み合わせを検討することによって、効果的なマーケティングを展開しようとするものです。(12)

この4項目それぞれについて考えられる案を集め、それをさまざまに組み合わせることによっていくつかの代替案(=選択肢)が俎上《そじょう》に乗ります。それを比較検討すれば、考えられる限りで最適な結論を導くことができるというものです。

たとえば、先ほどのケースの場合、「新製品の開発」という本部方針はすでに出ていますが、これはProductに該当します。これに対して「リピーターの確保」は、Promotionに該当します。では、Price や Place に関して何か案はないか。それから、Product や Promotion についても、何かほかに案はないか。

このように、マーケティングの考え方を構成する四つの概念――いずれもPで始まるので覚えやすいのが特色です――に導かれて、できるだけ可能性を広げてみる。そして、それらのさまざまな組み合わせを考えて、比較検討してみる。そうしたシミュレーションを経て、よりよい考えにたどりつく。

これが「4P」理論の効用です。

このケースの場合、本部方針であるところの「新製品の開発」という Product における努力と、「リピーターの確保」という Promotion の同時実施によって、開発した新製品による売上げ回復効果が長く維持できる可能性が語れます。

このように「4P」は、文脈の形成を助け、また、さまざまな代替案とその組み合わせを吟味するための枠組みと手順を与えてくれます（ただしこのケースの場合は情報量が少ないので、

(11)「意味」というのは「ということは」ですから、その「事象」の原因であることもあれば、その「事象」から生まれる結果であることもあります。あるいは、その「事象」の原因から生じる別の結果への連想である場合もあります。

(12)「4P」は、1960年代に、エドモンド・ジェローム・マッカーシー（E.J.McCarthy）によって提唱された考え方です。ちなみに、最近では、ロバート・ラウターボーン（R.Lauterborn）から、顧客側からの発想による「4C」が提起されています。

この理論を使うまでもありませんが）。

この場合、Ｐで始まる四つの概念を「入れ物」に喩《たと》えることができます。しかし、そこに入れ込む内容、つまりアイデアそのものは、やはり当事者の暗黙的な「思い」からしか生じません。

このケースの場合、「リピーターの確保」という発想は、４Ｐの中のどの概念に導かれたものでもなく、まさに個人的で主観的な「思い」から生じたものです。

また、経営の方向性を検討するための「ＳＷＯＴ分析」と呼ばれる手法があります。自社の強み（Strengths）、自社の弱み（Weaknesses）、機会（Opportunities）、脅威（Threats）の各項目に該当する内容を列挙して、それらを用いて経営の方向性をストーリー化しようとする思考の枠組みです（ちなみに、「機会」というのは自社にとって有利だと考えられる環境要因、「脅威」は自社にとって不利と考えられる環境要因のことです）。

これも、理にかなった思考の枠組みですが、それぞれの項目（入れ物）の中に列挙される内容そのものは、やはり当事者感覚から生まれる暗黙知が母体になります。

たとえばこのケースの場合、「ＳＷＯＴ分析」を使えば、だれもが「デパートのブランド力に依存している」ことを「弱み」の一つとして感じることができるのかというとそうではありません。これは、個人の暗黙的な思いによるところが大きいのです。

だれもが「木に登れない」ことを豚の弱みとして指摘できるわけではなく、たとえば、豚には木に登って欲しいという主観を抱いているかどうかによります。

このように、確立された理論や手法と、当事者としての個人的で主観的な思いとは、相互補完的な関係にあります。理論や手法は、個人の暗黙知から取り出したロジックに対して、不整合や自己矛盾、論理の飛躍や見落としなどについて吟味するための道筋を拓くものであり、また、別のロジックの可能性を検討し、比較する道筋を拓いてくれます。

しかし、理論や手法によって吟味されるところの素材つまりアイデアそのものは、個人的で主観的な認識によるところが大きいということが明らかに言えます。すぐれたマネジャーやリーダーが、必ずしも理論や技法に精通しているとは限りません。

理論や手法には、普遍性があります。つまり、誰でも共通に使えるという性質です。しかし、ことのはじめから、理論や手法、あるいはその他の言語的な枠組みに誘導されてものごとを考えようとするのは本末転倒です。私たちの発想は、やはりその人独自の興味、関心に導かれた具体的事実への着目と、それに対する暗黙的な意味解釈によって成り立っています。そして、これを言語的に整理しようとする際に、理論や技法、その他の言語的枠組みが十全に機能するのです。

少なくとも、理論や技法、あるいはその他の言語的な思考の枠組みを万能視するマネジメント教育や、技法の使用が目的化したマネジメント諸施策については見直しが必要です。

ただし、理論や手法は、多くの先人たちの研究や経験から抽出されたものですから、私たちの個人的で主観的な暗黙知を整理する際のガイドラインとしてはひじょうに有効です。また、ときには、個人的な暗黙知を刺激してアイデアを引き出す機能を発揮することもあります。したがって、これを過小評価することもまた禁物です。

いくつかの認識パターン

この節の最後に、私たちがもっているいくつかの「認識」のパターンを、例を示しながら紹介しておくことにしましょう。

ミドル・マネジャーや中堅リーダー的な立場の人たちに向けた研修の中で、次のようなワークに取り組んでもらうことがあります。

職場内外に見られる事象を列挙して、それらを組み合わせて、いくつかの「意味」のまとまりをつくり上げ、これを基にいくつかの職場課題を形成しようとするものです。

この作業をしてもらえば、その作品の中に、私たちがもっている認識の諸パターンがひじょうによく現れます。

第三者の観点

次ページの図8を見てください。これは、営業を担当する部署の中堅リーダー的な立場の人たちが作った作品の一部ですが、見直しの余地がある作品の一例です。

まず上の方の作業例です。

ここに挙げられた二つの事象は、確かに「知識」という概念を使って整理することができます。たとえばこの作業例は、「知識不足」というキーワードによって意味を語り、これを受けて、「社員教育による知識の向上」という課題の形成にいたっています。

しかし、その主体、つまり形成された課題の主語はだれなのかと問われると、これは人事部か教育担当部門だということになってしまう。つまり、営業を担当する職場のリーダー的位置にあるこの人たちの作品としては、これはきわめて第三者的で、認識者本人は評論家か概念的説明者になってしまっている。

もちろん、仕事が終わって飲み会に行ったときや昼休みの雑談の場では、みんなで評論家になって精神的バランスを保つのもいいのですが、社会的役割を担う一人の組織人としては、それが習慣になっては困ります。

このように、既成概念つまり言語に依存しきった、当事者意識に欠ける認識方法を、「第三

図8　見直しの余地が残る作品例①……第三者の観点

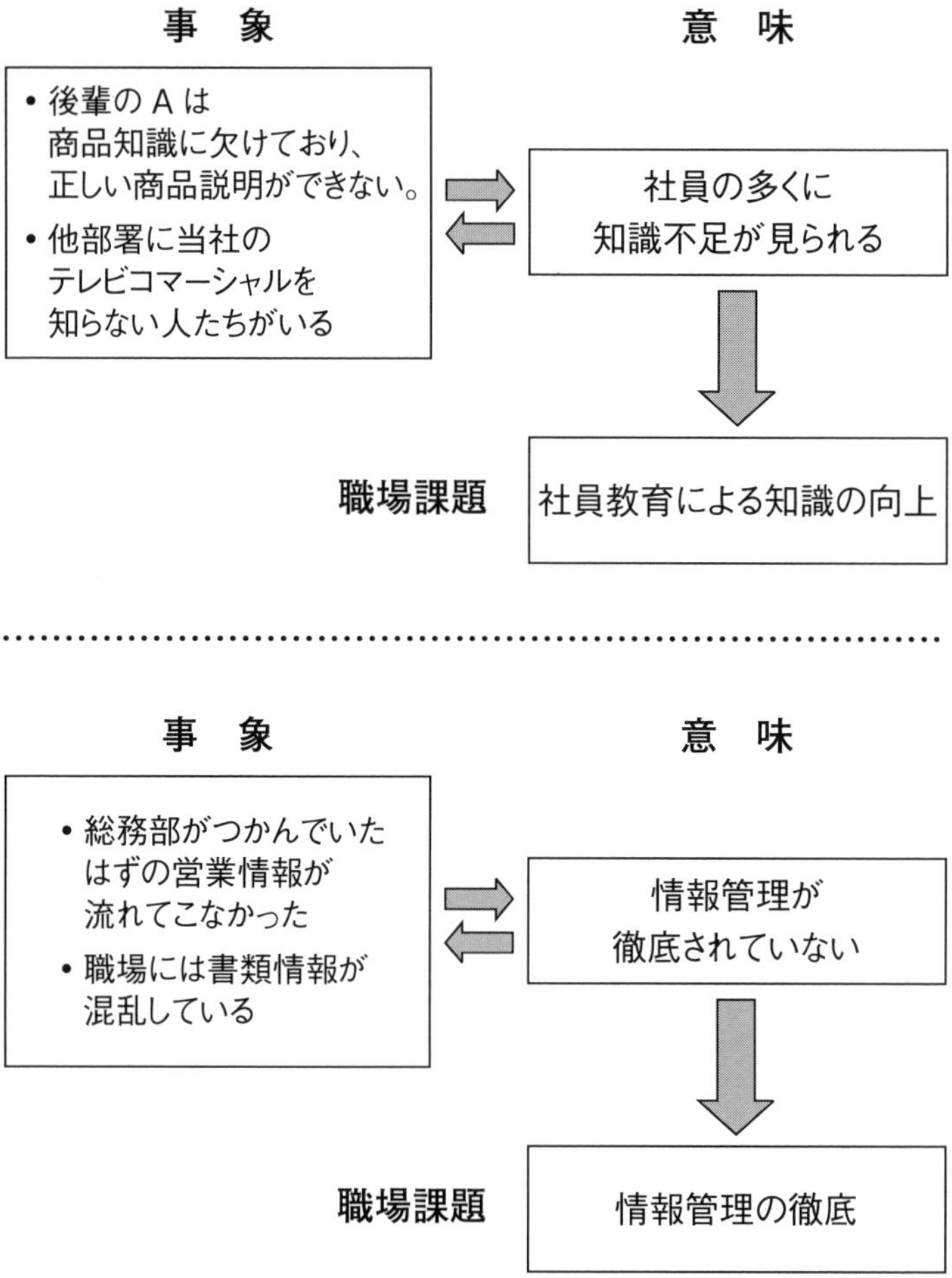
事　象
意　味
• 後輩のＡは
商品知識に欠けており、
正しい商品説明ができない。
• 他部署に当社の
テレビコマーシャルを
知らない人たちがいる
社員の多くに
知識不足が見られる
職場課題
社員教育による知識の向上
事　象
意　味
• 総務部がつかんでいた
はずの営業情報が
流れてこなかった
• 職場には書類情報が
混乱している
情報管理が
徹底されていない
職場課題
情報管理の徹底

者の観点」と名づけておきましょう。

それでは、もし当事者としての意識をもってこの作業に取り組んだならば、どのような展開になるでしょうか。

たとえば、商品知識に欠ける後輩Aのこの状態に対しては、暗黙的ながら、「忙しさにかまけて指導してやれていないなぁ」というある種のイライラ、つまり不全感を覚えるでしょう。これが当事者としての意味というものです。そしてここから、「職場指導の強化」という職場課題が形成されます。

一方、「他部署にテレビコマーシャルを知らない人たちがいる」という事象に対しては、まったく別のイライラ、たとえば、やはり暗黙的ながら、「売ろうとしているのは営業だけかよ！」という思いをいだくでしょう。現にこれは、そういう思いをもった営業担当者だからこそ気づくことができる事象です。

もしそうならば、営業が他部署（たとえばテレビコマーシャルを手がけているマーケティング部門など）に向けて、この事実を知らしめるような行動を起こさないことには、いつまでたってもこの事態は解消できない。つまり、営業の一員として、現在それができていないのです。これがこの事象に対する当事者としての意味というものであり、こうしたストーリー展開から、

「他部署との連携の強化」という職場課題が見えてきます。

このように、「教育」の問題だ、「情報」の問題だと、事象をただ言語的に再説明しても何も生まれませんが、事象に対して抱いた暗黙的な「思い」をあえて言語化する、つまり思いからロジックを取り出すことによって、自分自身の新たな行動につながる意味を見出すことができます。そしてそれが周囲と共有可能なロジックであるならば、それは周囲の行動をも引き起こす契機（＝きっかけ／動因）となります。


図8の下の方の作品も、同様に、自分の「思い」を置き去りにして、いきなり「情報」という既成概念、つまりことばにつかまってしまっています。ですから、外部から入ってこないということと、職場内部の管理ができていないということを同義にとらえて、情報の問題として抽象化してしまっています。

当事者の感覚をもってすれば、「総務部から営業情報が流れてこなかった」のは、むしろ、「他部署に当社のテレビコマーシャルを知らない人たちがいる」という事象と同様に、営業と他部署との連携の問題です。そして、もう一方の書類情報の混乱について言えば、これは確かに情報管理の問題ですが、職場内部で起きていることですから、「職場の情報管理の徹底」という職場課題につながります。

このような、当事者としての役割感覚あふれる認識方法を、本書では「主体的当事者の観点」と呼ぶことにします。

ちなみに、私たちは、事象そのものを描写しようとする時点で、すでに既成概念（＝言語）の罠にはまってしまうことがあります。たとえば、「職場のコミュニケーションがよくない」などというような抽象的表現によって、職場の事象を客観的に挙げたつもりになりますが、「コミュニケーションがよい、よくない」などは、私たちが五感でとらえた何ものをも記述していません（ただし第三章で見るように、言語は事実をありのまま示せないという性質をもっていますので、程度の問題ということになりますが）。

ものごころがついたときにはすでに言語的生活の中に置かれてしまっている私たちのことですから、完全にということは不可能ですが、少しでも言語から自由になって、ゼロベースからものごとを考える習慣を取り戻したいものです。

非主体的（依存的）当事者の観点

次に、次ページの図9を見てください。

この意味解釈のしかたは、図8の作業例と異なり、事象に対する自身の思いを記述しようとする様子が伝わってきます。しかしその内容は、上司に対する不満以外のものではありません。

したがって、形成した課題も、ほんとうのところは、「上司の性格改善」や「上司の転勤を密《ひそ》かに祈る」と、言えるならば言ってみたいところなのでしょうが、なんとか「上司とのコミュニケーション改善」という表現に思い留まったという感があります。

いずれにしても、この課題は、上司と共有される可能性は高くありません（「性格改善」という課題を相手が受け入れないのはもちろんのこと、「コミュニケーション改善」を受け入れる上司ならば、そもそもこのような問題事象は発生していません）。

これを、「非主体的（あるいは依存的）当事者の観点」と名づけておきます。

これも飲み会での話題（もちろん上司がいない飲み会です）に留めて、一方では、自身の思

図９　見直しの余地が残る作品例②……非主体的（依存的）当事者の観点

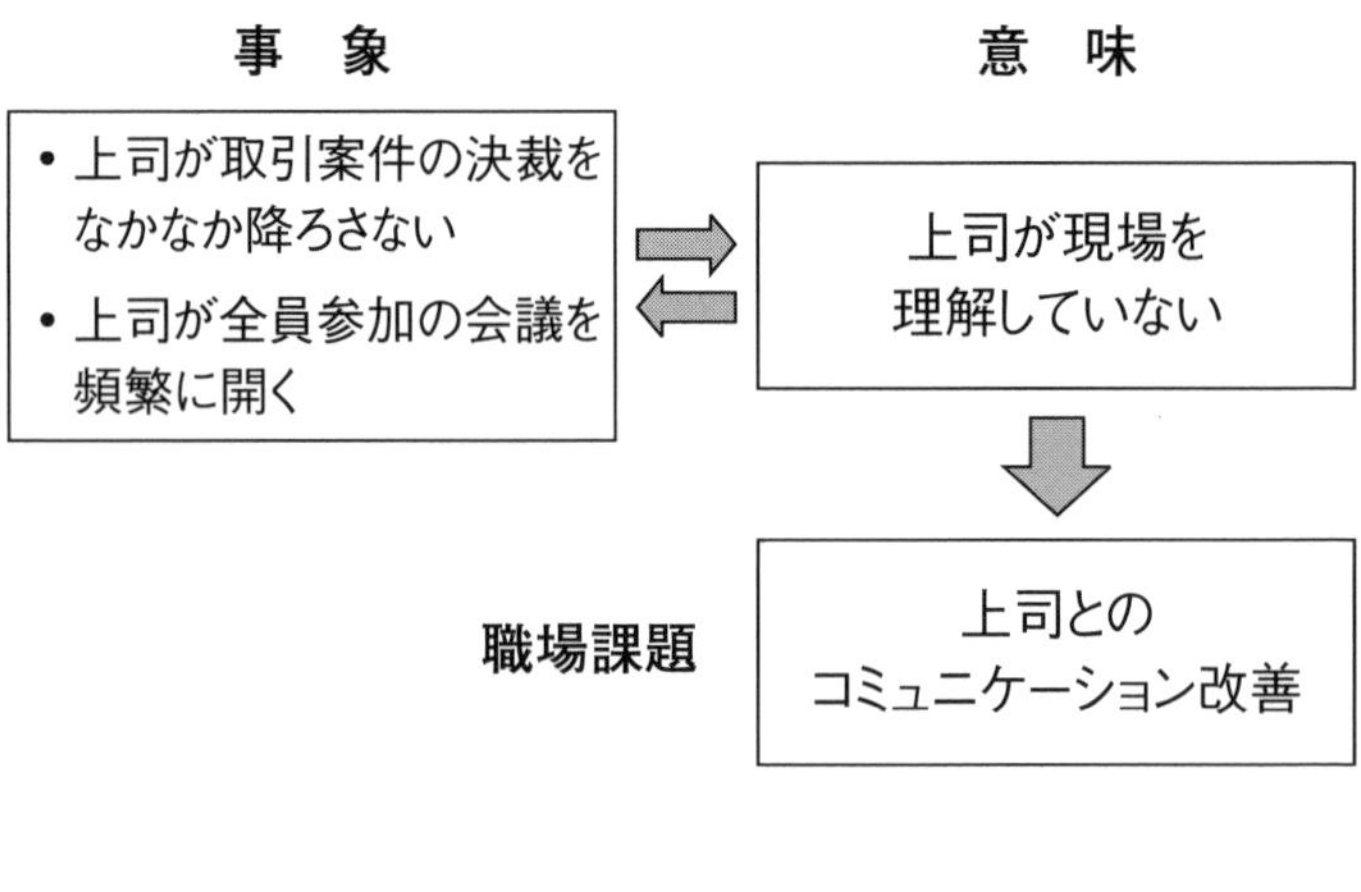

事　象
意　味
・上司が取引案件の決裁をなかなか降ろさない
・上司が全員参加の会議を頻繁に開く
上司が現場を理解していない
職場課題
上司とのコミュニケーション改善

いをさらに深く見つめ直してみようと努力することが必要です。

主体的当事者の観点

たとえば、「上司が取引案件の決裁をなかなか降ろさない」という事態に対する自身の思いの内容をよく見極めてみれば、それは上司の無理解に対するイライラである以上に（もちろんそれもありますが）、むしろ、取引条件に関する意思決定が遅くて顧客を待たせているということに対するイライラのウエイトの方が高いことに気づくのではないでしょうか。

そうであれば、むしろ課題は「意思決定の迅速化」であるということになります。これならば、議論がテーブルに乗る、つまり上司とのあいだで考えが共有できる可能性が広がるというものです。

一方の会議の問題は、本来の仕事である顧客サービスのために時間が使えていないことに対するイライラですから、「効率的な時間活用」という課題につながるかも知れません。

これは、先ほど見た「主体的当事者の観点」による認識です。

実は、私たちの「本音」の一角には、本書が「主体的当事者の観点」と呼ぶところの、他者貢献的で役割感覚にあふれた部分があるのです。イライラの中にも、状況からの要請を感じ取

図10　望ましい作品例……主体的当事者の観点

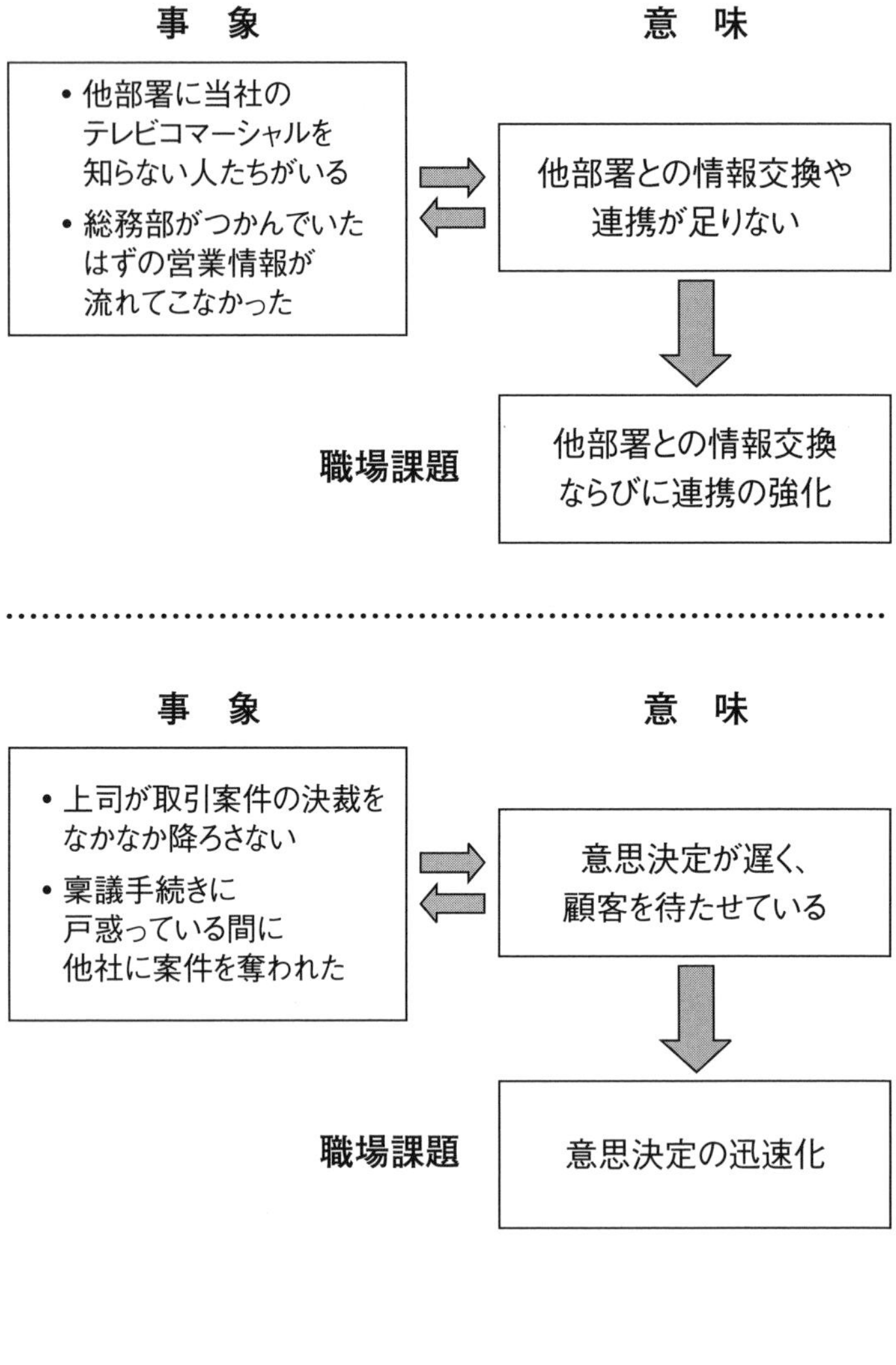
事　象
意　味
• 他部署に当社の
テレビコマーシャルを
知らない人たちがいる
• 総務部がつかんでいた
はずの営業情報が
流れてこなかった
他部署との情報交換や
連携が足りない
職場課題
他部署との情報交換
ならびに連携の強化
事　象
意　味
• 上司が取引案件の決裁を
なかなか降ろさない
• 稟議手続きに
戸惑っている間に
他社に案件を奪われた
意思決定が遅く、
顧客を待たせている
職場課題
意思決定の迅速化

り、これに応じようとする認識態度が含まれているということです。これについては、次の章で、マズローの発達論の中の一つのポイントとして詳しく見てみることにします。

老舗洋菓子メーカーのマネジャーのケース（37ページ）で示した解答例もまた、同様の意識のはたらきから生じたものです。

「主体的当事者の観点」による作品例については、そのピックアップを、図10に紹介しておきます。

私たちは自分自身の認識方法に磨きをかけようと、日々の経験の中で、無自覚的な試行錯誤を繰り返しています。これに対して、ここでの考察はあくまでも言語的、理論的です。

しかし、言語や理論は、日々の経験的な試行錯誤のしかたに一つの方向性を与えてくれます（言語以前に「思い」が大切だということさえも、言語で伝えられてはじめて気づくことができます）。

自己形成のための試行錯誤にとって、言語や理論は主役ではありません。しかし、大切な脇役であるという理解は必要です。

第3節

マネジメントとは何か

マネジメント周辺の諸概念について考える

この章では、第一節、第二節を通して、おもにミドル・マネジメントの実践行動を例にとりながら（一部、中堅リーダー層の例を交えましたが）、経験的な学びに対する言語的サポートの有効性について見てきました。

とくに第二節では、認識つまりものの見方を自己マネジメントする際の指針について学びました。

これに対して本節では、マネジメントやその周辺の諸概念に対するいくつかの考察を紹介して、この章の締め括りとします。

これらに対する考察の深さは、明に暗に、マネジメント行動の中に現れます。

また、新たな社会観の構築につながる要素も多く含まれていますので、マネジメント的立場にない読者にも有効です。

マネジメントということば

「マネジメント」ということばは、英語の management の音訳です。「経営」や「管理」という意訳もよく用いられますが、最近では、「マネジメント」も、かなり一般的に使われることばになってきています。

とくに近年、ドラッカー[13]によるマネジメント論が人気を博していますが、これも「マネジメント」ということばが定着してきたきっかけの一つです。

時代は遡《さかのぼ》りますが、幕末から明治時代中期にかけて、英語の概念が多く日本に導入されました。management もその一つです。その意味するところは、今風に言えば、（著者自身による表現ですが）「組織のはたらきを最適化する機能」といったところです[14]。

もちろん、そうした機能は、古来、日本の社会でも多くの人たちが担ってきましたが、それに対する呼び名、つまりことばまでは与えられていませんでした。そこで新たに入ってきた management ということばに対して、何かことばを充てようということになって、「経営」や「管

（13）ピーター・ドラッカー（P.F.Drucker，１９０９～２００５）。

（14）「組織」もまた、英語の organization の訳語として使われるようになったことばです。ただし、「組織」という語そのものは中国語が語源です。

理」という訳語がしだいに定着し、最近では、音訳である「マネジメント」ということばも定着しました。

「経営」はおもにトップ・マネジメントを、そして「管理」はおもにミドル・マネジメントを指すことが多いようです（本書18〜19ページにおける用語法もそれに従っています）が、必ずしもそのようなルールがあるわけではありません。ですから、ミドル・マネジメント機能を担う一人の課長が、自分の預かる「課」を「経営する」という言い方をしてもまったく問題はありません。

ちなみに、「経営」の語源は中国語です。「縄張りをして境を定める」という意味の「経」と、「いとなむ」を意味する「営」から成り立っており、古くは「建物を造営する」という意味で使われていました。その後、「事業や商売を営《いとな》む」という意味でも使われるようになり、わが国の古文書でも、いずれの使用例も見られるようです。

一方、「管理」もまた中国語が語源で、「つかさどる」の意味をもつ「管」と、「おさめる」の意味をもつ「理」から成るものです。

一方、動詞のmanageを辞書で引いてみると、まず、「経営する」「管理する」という意味が記されていますが、次に、「うまく〜する」「なんとか〜する」というような意味が登場します。つまりこの語は、「本来は難しいところをなんとかぎりぎり〜する」というニュアンスを含んだ語です。たとえば、〝I managed to solve the problem.〟（なんとか問題を解決した）といった使い方をするようです。(15)

ですから、ことばの意味合いからすれば、たとえば上位のマネジャーから「君のやることはいつもぎりぎりで困る！」などと言われたら、「はい、それがマネジメントです」と言って当然のような顔をしていればいいようなものですが、なかなかそうもいかないのが現実です。

実際、マネジャーには、厳しい環境の中で、どうしても組織の目的を実現することが求められますので、何かに余裕をもって取り組めば、絶対に別のどこかにしわが寄ってくる、それぐらいぎりぎりのところでこの機能を担っています。

そこをなんとか乗り越える技、その奥義は、まさに経験つまり試行錯誤を繰り返すこと以外に学びようがないのです。

しかも、近年は、定型的な課題や与えられた課題をなんとか解決するだけではなく、自分の力で新たな課題を形成し、そしてこれをなんとか解決していかなければ「組織のはたらきを最適化」することにはならない、それどころか、そのようなマネジメントが行われない組織は社

(15) manage の mana は、ラテン語で手を意味する manus が変じたもので、manage という語は、巧みな手綱さばきによって、御しがたい馬をなんとかうまく御すというところから来ています。manus が語源となっている英語は、ほかにも、manual（手動の、手順書）、manufacture（製造、製造業）、manuscript（原稿）など、多くあります。

会的支持を失い、存続不能になってしまう（民間企業であれば倒産する）、そうした厳しい状況にあります。

組織とは何か

では、「組織のはたらきを最適化する」とはどういうことなのか。これを、さらに掘り下げて考えてみます。

まず、「組織」とは何か。著者は、これをもっともシンプルに伝えたいときには、「目的を共有する人々の集まり」と言っています。ですから、その「最適化」とは、共通目的達成のために、人々が集まった価値やメリットをもっとももよく引き出すことであると。

ただし、より厳密に考えるならば、バーナードの説くところがひじょうにしっくりきます[16]。

バーナードは20世紀前半のアメリカにおいて、経営の第一線で活躍した実務家ですが、一方では、組織をテーマとして、はじめてこれを理論的、総合的に論じた研究者でもあります。その著書『経営者の役割』は、マネジメントを学ぶ現代の人たちにとっても必読の古典です。

バーナードは、「組織」を、人々の「協働の体系」ととらえています。それは、個人の能力の限界を超えるために力を合わせる「場」です。ですから、次の三つの要素をそろえていることが条件になります。

それは、（1）協働意欲、（2）目的、（3）意思伝達（コミュニケーション）です。まず「協働意欲」というのは、力を合わせる「場」つまり協働体系に対して貢献しようとする構成員一人ひとりの意欲です（バーナードは、組織を「場」と見ていますので、それを構成するのは人々そのものではなくその貢献意欲です。ですから、人々を組織のメンバーつまり構成員と呼ぶのは便宜的な方法であると断っています。本書でも、バーナードにならって、人々を便宜的に組織のメンバーと表現することにします）。

そして次に「目的」。これは、協働しようとする人々が共通にもつ目的です。最後は「意思伝達」。これは、共通目的を達成するために情報を交換し合うプロセスやしくみです。組織図として示される組織構造は意思伝達の経路という側面をもちますから、これもまた「意思伝達」の一つの要素として位置づけられることになります。

組織の目的とメンバーの動機

バーナードは、「目的」について、たいへん示唆に富む考察を加えています。

(16) チェスター・バーナード（C.I.Barnard, １８８６～１９６１）。主要著書は、*The Functions of the Executive*（１９３８年）、山本安次郎、田杉競、飯野春樹訳『経営者の役割』ダイヤモンド社（１９５６年）です。

彼はよく、行く手に大きな石が転がっている場合を例にとって話を展開しているのですが、一人では動かせないから、何らかの事情でそれを動かす必要がある人たちが集まって石をどける。ここに、協働の場つまり「組織」が成立します。

目的を共有するというのはたとえばそういうことで、どけてどうするのかはみんな別々だったりする。つまり個人個人にとって、石をどける意味や動機は異なるかも知れない。

ここに、組織の目的と個人の動機の違いの問題が出てきます。たとえば、それぞれのメンバーが石をどけることによって得ようとするもの、つまりもう一段深いレベルの目的に相違があれば、その方法やペースについての考え方も、メンバー間で相違が出てきます。

民間の企業組織の場合、その目的というのは、その企業が世の中に何を提供しようとするのかということ、つまり、その生み出す製品やサービスの種類、端的に言えば「事業内容」を指すことになります。

そして確かに、メンバーがこの目的を共有しているからこそ、一連のうまく調整された協力関係が成立するのですが、その協力関係に自分が身を置く動機、つまりそこで働く意味は個人によって異なります。たとえば、ある人にとっては生活のため以外には何の意味もなかったり、ある人にとっては社会的地位の獲得や自己表現の手段としての意味合いが強かったり、ある経営幹部にとっては、舵取りを任された組織をとにかく倒産させない責任を全うするためであったり、あるいは、さらにその責任感の背景に何らかの個人的欲求があったりと、協働の場に参加する個々人の目的は、より深い意識のレベルではそれぞれ異なります。

そこで、組織の目的達成と、協働の場に参加する各メンバーそれぞれの動機の充足の両方を可能にするマネジメントが必要になります。バーナードは、そのための努力について深い考察を向けています。

組織の貢献対象は外部に

本書ではこの問題を、次のように考えてみます。

力を合わせて石を動かすというバーナードの例は、互助目的の組織を想定したものです。この場合は、組織の成立要件の一つ目に挙げた「協働の意欲」は、互助の場である「組織」そのものに対する貢献意欲であるということになります。

しかし、民間企業の事業内容がそうであるように、交換経済体制が発達した現代社会においては、ほとんどの組織にとって、メンバーたちが協働して行う仕事の内容そのものは、メンバー間の互助ではなく、外部の人たちに対する製品やサービスの提供を目的とするものです。つまり、貢献対象は組織の外部に存在するのです。

協働の場としての組織にとっても、そこで協働する個々人にとっても、共通の貢献対象は組織の外部、つまり社会一般に存在するということです。

それは、民間の企業組織だけではありません。行政組織やNPO組織にとっては、なおさらこれは当然のことです。民間企業の場合は貢献対象を「顧客」と呼び、それに向けて「顧客満足」を提供します。行政組織にとっては「住民」が貢献対象であり、そこに「公共の福祉」を提供します。

本書では、組織の運営形態の違いを超えて、貢献対象を外部にもつという重要な点に着目した組織観を「公共的組織観」と呼ぶことにします。

この考え方に立てば、メンバーがもつ貢献意欲は、組織に向けてではなく、外部の貢献対象、つまり顧客や住民に、あるいはその集合である「社会」に向けられるものとなります。そしてさらには、それらを包む「自然」にも向けられます。「自然」は、貢献対象である顧客や住民、そして社会の存在を可能にする環境であり、そこに不都合をもたらしたのでは、顧客や住民、そして社会への貢献は実現しないからです。

これは、協働の場である「組織」と、協働しようとする「個人」が共通目的をもつということを意味します。その目的とは、より多くの対象に向けて、より質の高い貢献をするということです。

しかし、こうした考え方が、単なる理想論ではなく、現実社会を語るモデルとなりうるのか。

たとえば民間企業の場合、その最終目的は営利の追求なのだから、事業内容はその手段としての意味しかもたないのではないか。あるいはメンバーそれぞれにとっても、顧客や住民への貢献活動の背景にある究極の目的、つまり真の動機はやはりバラバラである点に変わりがないのではないか。

このような根強い疑問に対して、どのような解答を示すことができるのでしょうか。

公共的組織観に基づく個人・組織・社会の関係

これについては、私たちの心の発達（成長）を考える第二章で取り上げることにします。そこでは、私たちの意識の中で、利他性あるいは他者貢献への意欲がどのように育まれていくのかが一つのトピックになります。

その前に、ここではまず、公共的組織観に基づく個人、組織、社会の関係の骨組みを簡単に見ておくことにしましょう（次ページの図11にその全体像を示しました）。

たとえば、建物の設計に優れた個人がいたとします。しかし、その人ひとりでは建物は建ちません。ほかに資材を加工し組み立てる能力をもった人や、資材を調達するだけの調整力やフットワークをもった人が必要です。そしてそれぞれの人が、自身の力を「組織」という協働の場に提供し協働することに同意すれば、これによって建物という一つの新たな価値を社会に提供することができます。

ですから、組織は、個人個人の断片的能力を社会的目的のために編集する機能をもった一つの場ということになります。

それが民間企業であった場合、新たな価値の受け取り手、つまり顧客から売上げ代金を受け取り、それを協働関係にある個々人に給与として分配します。個人はこれによって生計を立て、同じ種類の貢献活動を継続することができます。

一方、売上げ代金の一部は、「利益」(より厳密には「内部留保」)として組織自身に自己分配され、これによって再生産活動に備えます(もちろん売上げ代金の分配は、組織の活動に寄与するほかのさまざまな主体、たとえば国や株主、金融機関などに向けても行われますが、ここで

図11　公共的組織観に基づく、個人、組織、社会の関係

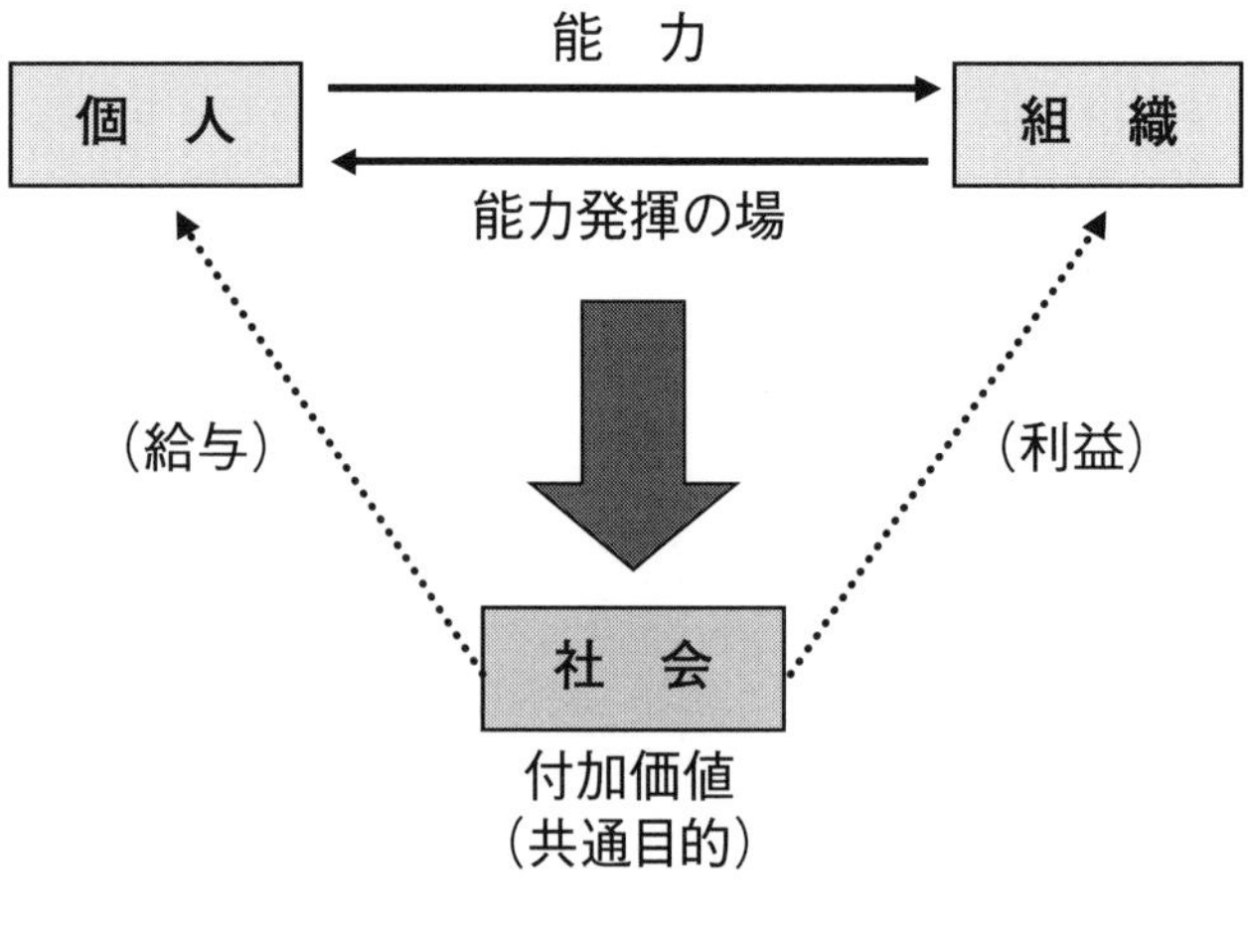

は組織とメンバーの関係のみに焦点を当てて考えます）。

ここで大切な点は、個人に支払われる給与は、物理的には一度組織を経由しますが、その原資は社会から出ている。つまり意味的には、給与は社会から支払われているということです。付加価値が生じる場所は、商品やサービスが実際に使用される場である社会だからです。ただし社会（具体的には顧客）は、その対価を、その価値の生産に関わったすべての人たちに逐一分配する機能をもたないために、売上げ代金の形で一度組織に預けることになります。そして組織は、社会に代わってこれを個人に分配します。このように考えると、「売上げ」というのは、「預かり金」の性格を帯びたものであるという解釈が可能になります。

個人、組織、社会、三者のこのような関係によって、個人と組織を含み込む全体社会は健全に維持されます。これが「公共的組織観」に基づく、個人、組織、社会の関係であり、それは持続可能な社会の基本的な構造となるのです。

さらに、三者が持続可能であるためには、それらを取り巻く自然環境の持続可能性がまず大前提であることを忘れてはなりません[17]。

行政組織の場合は、売上げ代金に代わって税金が社会から支払われますが、基本的な構図は

（17）最近、「持続可能性」ということばがよく聞かれますが、これは sustainability の訳語です。

同じです。

このように、個人と組織は、社会に付加価値をもたらすという共通目的のために、互いに「能力」と「能力発揮の場」を提供し合うパートナーの関係にあります。

ここには、二つの大きな意味が含まれます。

一つは、個人と組織の関係を語るためには、両者を含み込む社会という存在を抜きにすることはできないということです。これは、個人と組織の関係に限らず、二つのものの関係は両者が置かれた文脈全体の中ではじめて語ることができるということを示す一つの例です。

この見方によれば、個人と組織は、「能力」と「給与」を交換し合っているのではない。「能力」と「能力発揮の（＝能力を役立てる）場」を提供し合っているということになります。

それからもう一つ、それは、個人と組織は、社会に付加価値を提供することを共通の目的とする「パートナー」であるということです。したがって、両者のあいだに求められるのは、適切な「パートナーシップ」です。両者のあいだにはそれが必要であり、かつそれがあれば十分なのです。

これは、なにも「愛社精神」や「帰属意識」をもってはいけないと言っているわけではなく、もちなさいと言っているわけでもない。

一人の人間の知恵や能力には限界がある。また、精神的なタフさにも限界があります。そこで、集まってお互いの足らざるを補い合う、それが個人のためでもあり、社会のためでもあるからです。これが「組織」の意味です。その過程でどのような種類の感情をもつか、またその感情をどう名づけるか、これはまったく個人マター（個人的問題）なのです。

もちろん、メンバーどうしの感謝の気持ちや相互扶助の精神が生まれるのを促進することは、重要なマネジメント機能の一つです。しかしそれを「愛社精神」や「帰属意識」と名づけて、メンバーたちに義務づけることが必要であるということではありません。

マックス・ヴェーバーの社会研究

マックス・ヴェーバー(18)は、20世紀初頭のドイツで活動した社会学者ですが、社会学だけではなく社会科学全般、とくにその方法に深く考察を向け、近代的な社会科学の確立に大きな影響を与えた人です。

彼は、資本主義の歴史を研究する中で、その直接の起源を16世紀のヨーロッパの人々の倫理意識に求めています。そしてそれは、プロテスタンティズム（キリスト教新教の思想）、とくに徹底した禁欲主義に貫かれたピューリタニズム（清教徒主義）を背景としたものでした(19)。

(18) マックス・ヴェーバー（M.Weber, １８６４~１９２０）。
(19) M.Weber, *Die Protestantische Ethik und der Geist des Kapitalismus*（１９２０年）、大塚久雄訳『プロテスタンティズムの倫理と資本主義の精神』岩波文庫（１９８９年）

企業の歴史を遡れば、古くは古代ギリシャや中央アジアにおいて交易を営んだ人たちや、地中海貿易で栄えた中世の事業家の存在を見ることができますが、生産活動を中心として、事業の組織化がより一般的に進められたのが16世紀のヨーロッパでした。

それまでの生産活動は家内制手工業の形態をとるものでしたが、それでは品質にも効率にも限界がある。そこで一部の生産者は自らの資金を使ってほかの生産者を統合し、協働が行われるようになりました。それがマニュファクチュアつまり工場制手工業へと発展し、歴史のこの流れが現代の資本主義的な企業社会につながっています。

ヴェーバーの解釈によれば、その契機となったのがこの時代に生まれたプロテスタントの思想、とくにピューリタニズムです。それは、生産活動の統合を呼びかける側、応じる側のいずれにも共通に見られた特質です。

当時のピューリタン（清教徒）たちは、より合理的な生産方式を通じた禁欲的労働行為こそ神の意志に沿うものであるという考え方に強く支配されていました。その背景には、「予定説」つまり、だれが救われるかはすでに神によって決められているというピューリタニズムの思想があります。彼らにとっては、禁欲的で貢献的な労働行為は、自分が神から救われるはずの存在であることを確信する（言い換えれば、永遠に救われないかも知れない不安をなんとか払拭する）ための唯一の方法であって、それはかなりの切迫感を伴うものであったようです。

もちろん、これもまたある意味では利己的な意識の枠組みを出るものではありませんが、現代の企業組織の元になる組織形態が社会貢献的性格を帯びた存在として生成されていったという発見は、現代の企業社会を生きる私たちに、一つの驚きと示唆を与えてくれます。

たとえば、すでに取り上げたところの「公共的組織観」に基づく、個人、組織、社会の関係は、ヴェーバーが見出した当時の人たちの社会観ときわめて類似しています。

ただし本書からは、私たちの他者貢献意識や倫理意識の源泉について、思想や信条とは別の要因を提示しようと思います。それは、第二章で取り上げる「心理的発達」の理論です。

さて、その後、マニュファクチュアにおける分業体制は、より合理的な生産を可能にする機械の発明へのニーズを引き出し、産業革命へとつながります。一方では、組織の運営の面でも合理性が追求され、専門の経営者が現れます。いわゆる所有と経営の分離です。

このような変遷の中で、収益の向上を通じた競争優位性の確保と、経済的メリットの追求が至上命題となっていきました。

このことに関連して、私たちは、ヴェーバーの業績からもう一つの示唆を得ることができます。それは、徹底した合理主義――たとえそれが、当初は倫理的な貢献意識から生まれたものであるにせよ――に対する再考の余地です。

ヴェーバーによれば、西洋的な合理主義は、16世紀のひじょうに強い切迫感を伴う思想によって決定的なものとなりました（ちなみにヴェーバーは、科学や芸術、政治などにおける西洋の業績一般についても同様の文脈の中でとらえています）。近代に入って、切迫感の背後にあるものは、思想的、信条的なものから、熾烈な競争環境へと移行してきましたが、いずれにしても、このように徹底した合理主義の追求を主軸とした歴史の流れは、西洋社会独自のものです。

これらを踏まえて、ヴェーバーの次の指摘はぜひ紹介しておきたいものです[20]。

「（近代的な資本主義経済の）秩序界は現在、圧倒的な力をもって、その機構の中に入り込んでくる一切の諸個人――直接経済的営利にたずさわる人々だけではなく――の生活スタイルを決定しているし、おそらく将来も、化石化した燃料の最後の一片が燃えつきるまで決定しつづけるだろう。」（括弧内は前後の文脈に照らして著者が補充）

このフレーズには、徹底した合理主義が私たち個人個人の多様性を損ねる結果を招くことへの懸念と、そしてもう一つ、現代の私たちが直面している資源問題や環境問題への予告が含まれています。およそ１００年前の経済社会の発展期に、こうした問題提起を行っていることには驚きを覚えます。

資源について考える

先ほど、「資源」ということばが登場しました。たとえば組織にとって、ヒト、モノ、カネ、情報は「資源」です。このことばは、何を意味するのでしょうか。

「資源」という語は、英語の resource の訳語で、その意味するところは、「ある目的のために利用できるもの」といったところです。つまり、私たちがある対象に「道具」としての価値を見出したとき、その対象のことを私たちは「資源」と呼ぶのです。対象がもつすべての属性の中で、ある目的にとって有効な部分に着目したときに、その対象は「資源」としての性質をもつことになります。ですから、見方によっては、地球上のすべてのものに資源としての価値が潜んでいるということであり、その価値を見出すのは人間の側です。逆に、その対象のありのままの姿を尊重して、資源として用いることを控えようと判断するのもまた人間です。

たとえば、「森林」と「森林資源」という二つの概念は、異なる意味をもちます。

(20) 前掲邦訳書、365ページ、3〜6行目。

「森林」は、特定の組織やあるいは人間一般にとって役立つものであるかどうかにかかわらず、現にそこにあるものです。そしてこの概念には、そのすべての属性が尊重される可能性が秘められています。たとえばそれは小動物の住みかであり、地球の大気の状態を一定に保つメカニズムの一部でもあります。それは長い地球の歴史の中で、自然の一部として、ほかのすべての存在との間で循環的な相互作用を続けてきたものです。

これに対して「森林資源」という場合、それはたとえば、木材やパルプ、そして燃料の供給源を意味します。

また、「資源」として利用するために伐採され過ぎて、そこで初めて再認識される価値もあります。たとえば二酸化炭素を吸収してきたこともそうですし、地すべりを防ぎ、あるいは沿岸漁業にとって必要な海の状態を人知れず保ち続けていたこともそうです。

人間もほかの動物と同様に、自然の一部を生活のための資源として利用しています。これは当然のことなのですが、人間の場合は、これらの自然を際限なく資源として用いる知恵を身につけてしまいました。しかし、反対に、その利用を抑制する知恵もまたもち合わせています。この二つの知恵のバランスを欠いた過剰な資源利用は、結果的に資源の枯渇を招き、あるいは、自然環境を人間に災いをもたらすものに変えてしまうことにもなります。

マネジメントが「組織のはたらきを最適化する機能」であるならば、そのために利用可能な資源は十分に利用しなければなりません。しかし同時に、行き過ぎた資源化、道具化の発想を抑制する努力が必要です。なぜならば、「組織のはたらきの最適化」は、組織を取り巻くあらゆる環境との調和の中で実現するものだからです。

消費者も商品やサービスを選ぶ目を

私たちは、自分たちの行為が引き起こすすべての事態を予測する力をもち合わせてはいませんので、ですから、仮説を立てては実行し、経過を見ては修正する。私たちの社会は、このような試行錯誤の総体として成り立っています。

ですから、社会を構成する私たち一人ひとりは、果敢に仮説を立てては実行する能動性と、その仮説がつねに不完全なものであることを自覚する謙虚さを同時にもたなければなりません。

それは、生産者にも消費者にも、共通に言えることです。

私たちの生産活動は、二酸化炭素の排出を伴います。排出された二酸化炭素が地球に対して温室効果をもたらし、北極圏の氷が融けて、ホッキョクグマが溺れて個体数が激減し、絶滅危惧種となっている。それがわかったならば、直ちに私たちの生産方式に修正を加えていかなければなりません。

ならば、核反応によるエネルギーの利用が代替手段となりうるでしょうか。

これについてはさまざまな立場があるでしょうが、私たちは核反応を完全に制御する知恵や技術をもち合わせていない以上、制御できなくなったときの犠牲の大きさを考え合わせれば、果敢さよりも謙虚さを優先させた意思決定が求められるということが言えるでしょう。

また、需要創造と称して、消費者の購買心理を過剰に刺激する企業のやり方や、これにつき従う消費者の購買行動にも問題があります。自分たちが求めている商品やサービスが、たとえばいくつもの生物種を絶滅に追いやってしまう、そんな犠牲を払ってでも必要なものなのかどうか、一人ひとりの消費者は、これに対して責任ある判断をしていかなければなりません。

環境問題を叫ぶのならば、消費者は自身の利便性のみを商品選択の基準とするのではなく、まずほんとうにそれは必要なのか、そして必要だと判断したならば、次にそれは、環境保全に向けての試行錯誤を真摯に行っている企業によって手がけられた商品やサービスなのか、これらを優先的な商品選択基準として用いていかなければなりません。

このように、第三者的な評論者でもなく不満表明者でもない態度、つまり前節で見た「主体的当事者の観点」は、社会を構成するどの立場にある人にも例外なく求められる認識方法です。

人は資源か

human resourceということばがあります。「人的資源」というのがその訳語ですが、これは人がもつさまざまな属性の中の道具的側面に着目したことばです。

人は組織に利益をもたらす道具である、そのような意味を含んで登場したこのことばを、私たちはどのように受け止めればいいのでしょうか。

「人材」ということばもまた、使いようによっては同様のニュアンスをもちます。あるいは、道具ではなくその資産的価値に着目してこれを「人財」と呼んでみたところで、やはり組織に利益をもたらす財産の意味でこの語が用いられるのであれば、これらのことばのあいだに大きな意味の違いはありません。

この問題に対して、本書では次のように答えます。

本書ではすでに、「公共的組織観」というものを紹介しました（71ページ）。この観点をもってすれば、人がもつ資源としての価値は、けっして組織にとってのものではない。あくまでもそれは、人によって構成されるところの社会にとっての価値です。

協働の場としての組織は、個々人がもち合わせた能力つまり資源的価値を最大限引き出して、社会的利益につなげる役割を担っているのです。つまり組織は、人を社会に活かす媒介者としての位置づけにあるということです。

これは人的資源に限ったものではなく、すべての資源について言えることです。

この考え方によって、「人的資源」という不自然な概念に対する違和感はかなり払拭されます。しかし、それにしても、やはり人が資源であるというのはどうも納得がいかない。そこで、さらに話を進めます。

資源は資源にあらず

仏教学者の鈴木大拙《だいせつ》が「即非《そくひ》の論理」と名づける論理構成があります。詳しい説明は第三章に譲りますが、ここでは、資源概念について考えるために必要な範囲で、その内容を紹介しておくことにしましょう。

「即非の論理」というのは、「Aは即《すなわ》ちAに非《あら》ず。ゆえに是《これ》をAと名づく」という一見まぎらわしい論理です。

「資源」をこの論理に当てはめてみますと、「資源は即《すなわ》ち資源に非《あら》ず。ゆえに是《これ》を資源と名づく」ということになります。

つまり、私たちが「資源」と呼ぶものは、実はそもそも「資源」でも何でもない。つまり「資源」でないからといって、ほかの何ものかであるということもない。それが何であるかは、あくまでも見方によって決まる（＝見方によってしか決まらない）ものなのだということです。ですから、対象のある一面に着目してそれを「資源」と呼ぶこともできる。しかしそれがその対象のすべてであるとか、本質であるなどと言うことはできないということです。

　ですから、ある対象を「資源」と言うとき、その対象がもつすべての特性のごく一部に着目してそう呼んでいるにすぎないという謙虚な自覚が伴っているならば、仮にそう呼んでもよいということです。それがこの概念（＝ことば）を用いるにあたっての条件であり、組織の経営者や管理者が心がけるべきことがらです。

　ところが、現実の企業経営は、厳しい競争環境の中にあります。もしかしたら競合他社は、このような議論を踏まえることなく、人や自然をただ資源と見、しかもそれを自社の資源として利用しようとしているかも知れない。

　仮にそのような環境下に置かれていたとしても、経営者はなんとか事業を継続させていかなければならない厳しさの中にあります。

　しかし、「人や自然は全面的に資源である」というような人間観、世界観から離れ、しかも「人や自然は自社にとっての資源である」と見る傲慢さからも離れた経営方針があるとすれば、むしろ仕事に対する組織メンバーの意欲を、より確実に引き出すことができます。

　また、資源問題に対する自社の真摯な取り組み姿勢を外部に向けて発信すれば、消費者の支持を得ることができます。これからの企業努力は、このような方向性をもったものになっていくでしょう。

上野陽一の能率道

上野陽一[21]は、20世紀初頭のアメリカで生まれたマネジメント手法である「科学的管理法[22]」を日本に紹介するとともに、日本で初めて独自のマネジメント観を打ち立て、これを体系化した人です。その業績の背景には、やはり東洋的、日本的な哲学があります。

上野は、「科学的管理法」の実践の中で重視されたefficiencyの概念を独自に発展させ、「能率」の概念を日本の産業界に広めました。上野はこれに「目的と手段が釣り合った状態」という説明を与えています。

そして、手段の総量が目的に必要な量を上回っている状態を「ムダ」、逆に、手段の総量が目的のために必要な量に足りていない状態を「ムリ」、さらに、どこかに「ムダ」があればどこかに「ムリ」が生じる、この状態を「ムラ」と呼びました。これらを克服することが、能率の向上なのです。

また、上野は「能率」を、「スベテノ　モノノ　モチマエガ　100％ニ　発揮サレテ　イル状態デ　アル」とも説明しています。

この考えの背景には、本来は資源でも何でもない「それそのもの」であるはずのものを、あえて資源として利用する以上は、それを資源として活かしきることが何よりの誠実さであるという論理が見て取れます。そしてまた、この努力が資源の節約につながります。

上野は、「能率」を学問の対象とし、「能率学」を提唱するとともに、その実践に対して、日本的な「道」の性格を付与し、「能率道」を打ち立てています。

マネジメントとリーダーシップ

この章の最重要トピックは、ものごとは見方しだいであるということです。見方によって見え方が決まる。そして、見方を選ぶのは自分である。自己形成においては、ものの見方、つまり「認識」の自己マネジメントが重要であるということです。

本章では、意外にも、「主観」の重要性が強調されましたが、それはそういう意味においてです。


さて、この章を閉じるにあたって、次の話題を一つ添えておきます。

(21) 上野陽一（1883〜1957）。
(22)「科学的管理法」というのは、マネジメント実践に必要な手法に関して初めて行われた実証的研究とその実践です。フレデリック・テイラー（F.W.Taylor, 1856〜1915）によるもので、観察と実験によって進められたことから、この名がつけられました。

「マネジメント」と「リーダーシップ」の違いについてよく議論されますが、これをどのように考えればいいのでしょうか。

いろいろな議論に耳を傾けると、マネジメントとは決められたことをうまくやること、そしてリーダーシップとは、何をやるべきかから考え始めること。どうもそのように区別する考え方に収束するようです。

しかし、そのような議論の末に、現代のマネジャーにはリーダーシップが求められると結論づけられるのが常です。もしそうならば、その条件を満たすようなマネジメントは、リーダーシップと同じはたらきを指すことになります。

本書では、マネジメントを、「課題形成」「課題共有」「課題解決」の三つの要素によって説明しました。この中の「課題形成」は、まさに「何をやるべきかから考え始めること」ですから、本書におけるマネジメント観は、リーダーシップということばが指すものと同じ範囲をカバーしています。

このように、ことばというものは一つの名づけなのです。

まず説明しようとする何かがあって、それをどう括り出してどう名づけるか、それは語り手の世界観や問題意識に委ねられています。

ですから、語り手は、話全体を通じて、そこに含まれる個々のことばの意味が相手に伝わるように努め、また聴き手は、自分がこうだと思っている定義にこだわらずに、語り手の話全体から個々のことばの意味を受け止める。会話や議論においては、こうした態度が求められます。ことばの性質については第三章で詳しく取り上げますが、それを少し先取りして、まずは柔軟な言語観をもつ必要性についてここで指摘しました。

この章のまとめ

組織は、人々の協働の場です。そのはたらきを最適化する機能をマネジメントと呼びますが、それは、組織課題の形成、共有、解決の三つの要素から成り立っています。

私たちの日常の認識は、事実に対する暗黙的な意味解釈のプロセスです。マネジメント課題の形成も、このはたらきを通して行われます。そして、共有可能なマネジメント課題は、他者貢献的で役割感覚にあふれた「主体的当事者の観点」によって形成されます。

自分の認識方法（＝ものの見方）をこのような方向に習慣づけることは、自己形成における一つの重要な努力項目です。

その努力は、マネジメント実践に限らず、あらゆる生活場面で有効な結果を生みます。

また、他者貢献的側面に着目した組織観を、本書では公共的組織観と呼びます。

第二章

自己形成をサポートする人文・社会科学の理論

前章では、マネジメントを例にとって、自己形成につながる学びについて考えました。マネジメントというのは全人格的な活動ですので、経験的にこれを学ぶプロセスは、一つの技能の習得という範囲を超えて、本書が言うところの自己形成に限りなく近いものがあります。そこでは、ものの見方を磨くことが一つのポイントであるということが強調されました。そして、当事者としての主観的で暗黙的な認識の重要性と、これを磨くためのいくつかのヒントが示されました。

これに続いて、本章では、人間の内面やパーソナリティ（＝個性）を扱った理論を紹介します。

私たちのものの見方は、内面的な心のはたらきやパーソナリティの影響を大きく受けます。したがって、これらを学ぶことは、自分のものの見方を知り、また他人のそれを知ることにつながります。

ここで紹介する理論は、マネジメントの実践においてももちろん有効ですが、私たちのあらゆる生活実践に役立つ理論として受け止めることができるものです。

第1節

マズローの発達論

欲求段階説

マズロー[1]の心理学説は、ビジネス書や管理者研修などで取り上げられることが多いのですが、その真の意味が伝えられているケースはひじょうに少ないと言わざるをえません。

そうした現実も考慮に入れながら、本節では、マズロー理論の概略を紹介し、その真の意味を考えます。

マズロー独自の研究活動は、まず、人間の行動の背後にある「欲求」の内容を整理するところから始まります。

マズローは、それには五つの種類があって、それらは階層構造をなしていると考えます。つまり、もっとも基本的な欲求がまずベースにあって、そのある程度の充足とともに次の欲求が芽生え、またそのある程度の充足とともにさらに次の欲求が芽生える。

（1）アブラハム・マズロー（A.H. Maslow, 1908～1970）。アメリカの心理学者。

これが、いわゆるマズローの欲求段階説です[2]。
その具体的内容は、以下の通りです。

（1）生理的欲求（Physiological Needs）
これは、生命あるいは身体活動の維持に関する欲求です。マズローによれば、欲求としては意識されないような身体の自動調整機能（ホメオスタシスと呼ばれます）や、食欲、睡眠欲など、多くの種類があります。結果的に身体の正常な営みにつながるようなすべての欲求が、これに該当すると考えていいでしょう。

実はこれらの欲求は、のちに見るように、すべて遺伝子保存の必要性から派生した生物的、生理的なものであると考えられます。

（2）安全欲求（Safety Needs）
生理的欲求がある程度満たされると、次に現れるのがこの安全欲求です。マズローによれば、恐怖や不安から逃れ、混乱から自由でありたいというものですが、やはり基本的には、危害を及ぼす外敵から身を守ろうとする生物的欲求がその中心を占めると考えられます。乳児に見られる人見知りは、その一つの例でしょう。

（3）所属と愛の欲求（Belongingness and Love Needs）

私たちは、生理的欲求と安全欲求がある程度満たされると、今度は家族や友人との交わりを渇望します。このように、他者から受け入れられたり、集団に所属したりすることに対する欲求がこれに該当します。

（4）承認欲求（Esteem Needs）

先の三つの欲求がある程度満たされると、私たちの関心は自我に強く向けられるようになります。マズローによれば、この欲求は二つに分類され、一つは、他者からの賞賛を求める欲求、そしてもう一つは、自分が自分自身を認めることができるような有能感への欲求や自尊心です。

（5）自己実現の欲求（Needs for Self-actualization）

先の四つの欲求がかなり満たされても、私たちはまだ何らかの未充足を感じます。それは、

（2）欲求段階説は、著書 *Motivation and Personality*（１９５４年）に見られます。第二版（１９７０年）の邦訳として、小口忠彦訳『（改訂・新版）人間性の心理学』産業能率大学出版部（１９８７年）があります。

自分がなりうるところの最高のものになりたいという欲求が現れるからです。このような、自分の可能性、潜在性を最大限実現したいという欲求を「自己実現の欲求」といいます。

自分らしさを求める意識、あるいは、やりがいや生きがい、目的の達成などを求める意識です。

自分にもっともふさわしいこと、自分の力が最大限発揮できることを見つけ、取り組もうとする意欲はここから生まれます[3]。

以上が、五つの欲求の内容です。マズローは、これらから成る意識の全体構造をヒエラルキーと呼んでいますので、それをヒントに図を描けば、図12のようになります。

これらの欲求の中では、より低次のもの（発生の早いもの）ほど、人間の行動をより基本的に決定する要因となります。しかし、いったん高次の欲求（承認欲求や自己実現の欲求などあとから発生するもの）が芽生えてある

図 12　マズローの欲求段階説

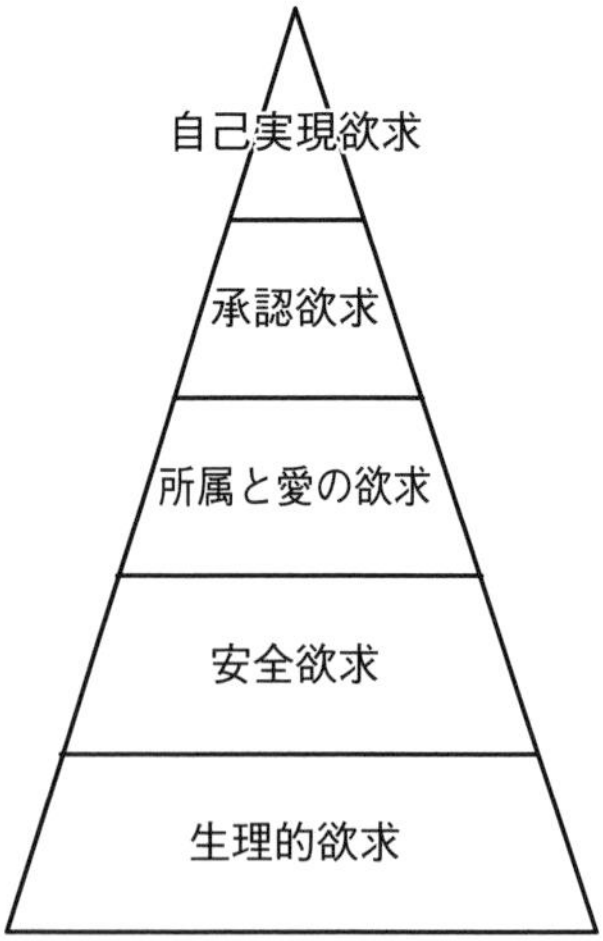

程度の充足を得たら、もはや以前ほどには低次の欲求に拘束されることがなくなる。つまり、成人にあっては、高次の欲求がより低次で基本的な欲求をかなりの程度コントロールすることができる。これが、私たちの意識のはたらきについてマズローが説明するところです。

確かに人間を生物として見たときは、「生理的欲求」や「安全欲求」はもっとも基本的な欲求ですが、より高次の人間的で精神的な欲求が、かなりの程度これをコントロールすることができている——もちろん個人差や状況の違いは考慮されなければなりませんが——ということです。

たとえば「武士は食わねど高楊枝《たかようじ》」（武士は腹が減っていても、楊枝をくわえて満腹そうな姿を見せていなくてはならない）という格言がありますが、これは、「承認欲求」が「生理的欲求」をコントロールすることができるという前提があってこそ格言として成り立ちます。

マズローの業績全体に学ぶ必要

マズローの業績は、全体で一つの大きくてゆるやかな理論体系をなしています。

その一部を構成する欲求段階説は、複雑で個人差も大きい人間の内面を、あえて単純化、一

（3）「自己実現」の概念を最初に提唱したのは、クルト・ゴールドシュタイン（K.Goldstein）という神経生理学者です。

般化して説明しようとする基本的説明モデルです。(4) ですから、これに対して細かい反証（反対証明）材料を提示しようとするような研究もありますが、それはあまり意味がありません。

一方、経営管理論の世界では、マズローの全業績の中から欲求段階説のみを取り出して、これをそのまま組織における「動機づけ」の基礎理論として用いてきた経緯があります。しかし、マズローの全業績に照らして考えたとき、よりきめ細かい注意をもってこれを用いる必要があると言わなければなりません（この問題についてはあとで取り上げます）。

また、欲求段階説によって自分の意識状態を振り返ることは、自己形成のための参考になります。しかし、やはりこれも、マズローの仕事の全容を知って行うのが適切です。

実は、マズローの多くの著書に当たって、その業績全体を俯瞰《ふかん》した（＝見渡した）とき、二つの重要なポイントが見えてきます。

一つは、欲求段階説は、人が誕生してから成人に向かうあいだの意識の発達を示すモデルと考えられるということです。つまりそれは、人間の心理的な成長のプロセスを説明するモデルとして理解することができるのです。

ですから、私たちは欲求段階説を、ある一時点における欲求の優先順位を法則化したモデル（つまり、どんなときにどの欲求が優先的にはたらくかを説明するモデル）と考えるのではなく、むしろ発達（あるいは成長）という時間軸を伴った動態的なモデルとしてとらえなければなりません。

つまり、欲求段階説は、五つの欲求のあいだの優先順位がどうなっているのかに関する法則性を語ろうとするものではなく、私たちの欲求は誕生時以降、社会生活を送る中でこの順に積み上げられていく、そういう意味での法則性を述べたものであるととらえた方が、マズローの業績全体の中での位置づけが説明しやすいのです。

そしてもう一つは、マズローの晩年の研究では、「自己実現の欲求」という高次の成長段階から、さらに高次の「自己超越」と呼ばれる意識段階が派生してくることに関心が及んでいるということです。

マズローは、彼が「自己超越」と呼ぶところの意識状態についてたいへん多くの文章量を費やして記述していますが、その内容は、「欲求」というカテゴリーとは違った色合いを帯びたものになっています。

（4）「モデル」ということばは「型式」「模範」「雛型」などさまざまな意味で使われますが、「説明体系」という意味でも使われます。ここでいう「モデル」はその意味です。数式も含めて言語からなるものや、図を中心とした図式モデルもあります。その緻密なものは「理論」と同義と考えてけっこうです。

心理的発達を説明するモデルとしての欲求段階説

これらを考え合わせれば、私たちは欲求段階説を、次のようなストーリーによって描き直すことができます。

新生児の意識はほぼ全面的に「生理的欲求」で占められていますが[5]、これに続く乳児期に入るとすぐに「安全欲求」が加わり、またこれらを満たすための環境を確保しようとして「所属と愛の欲求」が芽生えます。

このあたりまではまだ動物的な意識状態ですが、徐々に人間独自の脳の発達を経て、「所属と愛の欲求」が社会生活を営むためのものに変容し、学童期に入ってしばらくすれば、所属する集団や社会において積極的な承認を得ようとする欲求、つまり「承認欲求」が生まれます。

しかし、承認を求めることは他者の視線に追従することですし、自尊心にしても、他者の視線つまり世の中の一般的な評価基準を借りた自己評価にすぎません。そこで今度は、これに甘んじることなく、自分自身の能力をあますところなく発揮することや、自分のアイデンティティ（＝自己同一性、「これが私」と言える独自性）の確立を求める欲求が、少年期から青年期に向かう時期に生まれます。これが、「自己実現欲求」です。

このように、心理的な発達あるいは成長という時間軸に沿って、あの欲求段階モデルに描かれる意識構造が徐々に完成されていくのです。

そして、成人は、各段階のすべての欲求を併せもつことになります。そして、先ほど見たように、高次の欲求が初歩的な欲求をかなりの程度コントロールしながらも、すべての欲求が状況に応じて機能している。これが成人の意識構造であるということになります。

自己超越（Self-transcendence）

次に、マズローが「自己超越」と呼ぶ成長段階がどのようなもので、また、どのようにしてこれが意識構造モデルの中に組み込まれていくのか。これについて見ていくことにしましょう。

マズローは、晩年の著述[6]の中で、次のように述べています。

「私は最近、自己実現する人びとを二種類（いや等級といった方がよいかも知れないが）に区別した方がはるかに好都合であると考えるようになった[7]」

（5）低次欲求は、基本的には遺伝子の指令に基づいて発現します。ただし、生理的欲求の一つである性的欲求は、身体的な発達を待って発現するよう遺伝子情報に刻み込まれていますので、思春期までその発現が遅らされています。
（6）A.H. Maslow, *The Farther Reaches of Human Nature*（１９７１年）、上田吉一訳『人間性の最高価値』誠信書房（１９７３年）
（7）同邦訳書、３３０ページ、２～３行目。

マズローは、「自己実現の欲求」による行動が顕著に見られる人たちの研究を続けた結果、これを二つに区分する必要があることを発見したのです。

一つは、行動の背景に、自分がなりうるところの最高のものになろうとする意欲が見てとれる人たちで、これは当初に定義されたとおりの「自己実現の欲求」に基づいて行動する人たちです。つまり、自己のアイデンティティの確立や、達成感を追求したりする行動が特徴的であるということです。

本書ではこれ以後、とくにこの段階を指して、「自己実現段階」や「自己実現の欲求段階」という言い方をすることにします。あるいは、この段階であることをさらに強調して、「狭義の自己実現段階」などと呼ぶ場合もあります。

これに対してもう一つは、行動の背景に、ことさら自己を特別視するような意識が見てとれないパターンです。

確かに、ものごとに打ち込む姿勢は自己実現的なのですが、むしろ自己と自己以外のあいだにある境界へのこだわりを超えて、環境と一体化した自己感覚をもっているように感じられる、そういう意識のレベルです。

この意識段階を、マズローは「自己超越（Self- transcendence）」と名づけています。

マズロー自身の表現を引用しましょう。

「超越とは、人間の意識の最高のもっとも包括的で、全体論的な水準を意味するものである。その行動や関係は、自己、特定の相手、人類一般、他の種族、自然、宇宙に対して、手段としてよりはむしろ、最終的な目的として取り組む。[8]」

「心理学的な自己は、明らかに肉体よりも大きくなりうるのである。[9]」

「世界と個人のあいだの区別は減少する。彼は拡大した自我になるといえよう。[10]」

私たちにとって、「自己」はひじょうに大切なものです。ですから、自分自身の存在を何かの手段（＝道具）として見るようなことはふつうしません。しかし自己超越レベルにおいては、同様に、あらゆる対象に対して、これを何かの手段として見ることがないのです（ただし、こ

(8) 同書、329ページ、1〜3行目。
(9) 同書、368ページ、11行目。
(10) 同書、368ページ、2〜3行目。

れはあくまでも傾向の問題ですから、「手段として見る習慣がない」「比較的そのように見ることが少ない」という言い方が妥当ですが）。

「手段としてよりはむしろ、最終的な目的として取り組む」とマズローが言うのは、そういう意味です。これを「目的的世界観」と呼ぶことにしましょう。

マズローは、対象をそれ自身の「あるがまま（suchness, as-it-isness）」として見るというような表現を用いています。少なくとも、自分の何らかの欲求をかなえるための手段、つまり道具としてそれをとらえるような傾向がないということです。

ですから、自分と環境との境界もおのずと薄れてくるのです。つまり「自己概念の拡大」です。

私たちはふつう、自己超越的な意識状態になくても、たとえば身内《みうち》や親友、あこがれの有名人、ひいきのスポーツチーム、あるいは愛用の品などに対しては、自分自身に向けるのと同じ強さの愛着をもちます。あるいは、見知らぬ人に対しても、一時的に強い共感や同情が生まれることがあります。これは、限られた範囲、限られた時間における「自己概念の拡大」で、自己中心の延長、いわば「偏愛」です。また、ものごとに夢中になっているときは、一時的に我を忘れるということがあります。

もちろん、これはこれで大切なことですが、自己超越レベルでの「自己概念の拡大」は、空間的、時間的な限定がありません。ですから、逆に自己やその周辺だけに対する特別視、つまり執着が薄れることになります。

しかし、だれにも見られる自己概念の拡大（＝偏愛）と自己超越的なそれの違いを、そう神経質に区別する必要はありません。まずは、あくまでも程度の問題、つまり範囲や頻度の問題としてとらえてみてはどうでしょうか。

いずれにしても、マズローが観察したように、その程度が格段に高い人たちがいるのは事実です。

次ページの図13は、図12の図に、自己超越の段階を加えたものです。

自己超越的な仕事観

この段階においては、たとえば仕事にやりがいを感じるとすれば、それはそのプロセスに没頭し楽しむことができているからではなく、自分らしさを味わっているからでもない、また能力の発揮を実感することができているからでもない（これらはすべて、「狭義の自己実現段階」の傾向です）。確かにそれらの要素はあるかも知れませんが、それよりもさらに高いウエイトで、自分の仕事の結果が他者への貢献になることを知っているからです。

私たちが「仕事」として取り組む行為そのものは、すべて他者に対する貢献です。医師や看護師の仕事は患者の病を治療することであり、宅配便の仕事は送りたい人の荷物を受け取りたい人に届けることです。どのように地味な仕事も、この原理に変わりはありません。

プロスポーツもまた、だれかに「見せる」「楽しみや勇気を与える」ことができているからこそ職業として成り立ちます。確かに芸術は自己表現ですが、それを職業とする場合には、求める人に作品を提供することが必要条件です。

このように、仕事として私たちが取り組む行為そのものの目的は、つねに他者貢献です。もちろん、それに取り組む私の目的が何であるかと問われれば、たとえば生活のためであったり自己表現のためであったり、人によってさまざまな答えがあります。しかし、仕事として取り組む行為そのものがもっている目的はすべて他者貢献です。自己超越的な仕事観においては、これをそのまま私の目的としてとらえるのですから、これを、「目的的仕事観」と呼ぶことができます。

図13　5つの欲求段階に自己超越段階を加えた図

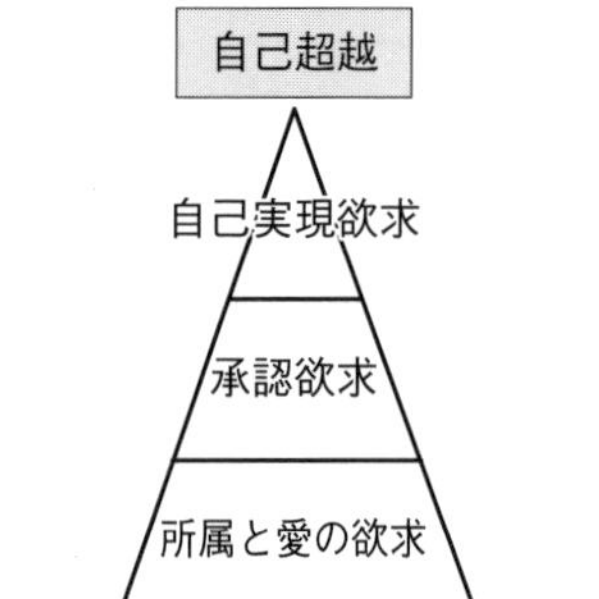

働く意味の多様性

話は横道に逸《そ》れますが、実は私たちが仕事をする背景には、いくつもの動機が重なり合っています。私たちが働く意味は多様で、何か一つの動機に絞ることはできません。

たとえば金銭を得て生活するため（ただしこの場合も、最低限の生活維持のためと、より豊かで自分らしい生活のために区分できます）、それから世間体を満たすため、高い社会的評価を得るため、達成感や充実感を得るため、能力の向上を図ってなりたい自分になるため、そして、他者や社会に貢献するためなどです。

その最後のものが意識の中で高いウエイトを占めている状態、それが自己超越的な仕事観、つまり「目的的仕事観」です。それ以外は、いずれも仕事を自己の欲求充足の手段として解釈していますので、「手段的仕事観」として括ることができます。

次ページの図14は、これを図にしたものです。

ただし、それぞれの動機は相互につながりをもっていますので、ここでの考察は、かなり単純化したモデルとして理解してください。

その上で、読者自身の場合は、自分の中のすべての働く動機を100としたとき、どの動機に対してどれぐらいのウエイトづけができるでしょうか。

このように、仕事観についての以上の説明は、私たちの意識の重層的な構造をよく表しています。

成人は、「自己超越」段階を含めて、すべての意識段階を備えています。ただし、そのウエイトには個人差があります。マズローの観察によれば、意識に占める「自己超越」的部分のウエイトが周囲から観察できるほど高い人はごく稀だということです。

目的的世界観と手段的世界観

ちなみに、私たちは「仕事」という概念、つまりことばをもっています。死語にもならないで使われ続けているということは、私たちは共通にこの概念に意義を見出しているということです。

図 14　マズローの意識段階と働く意味の対比

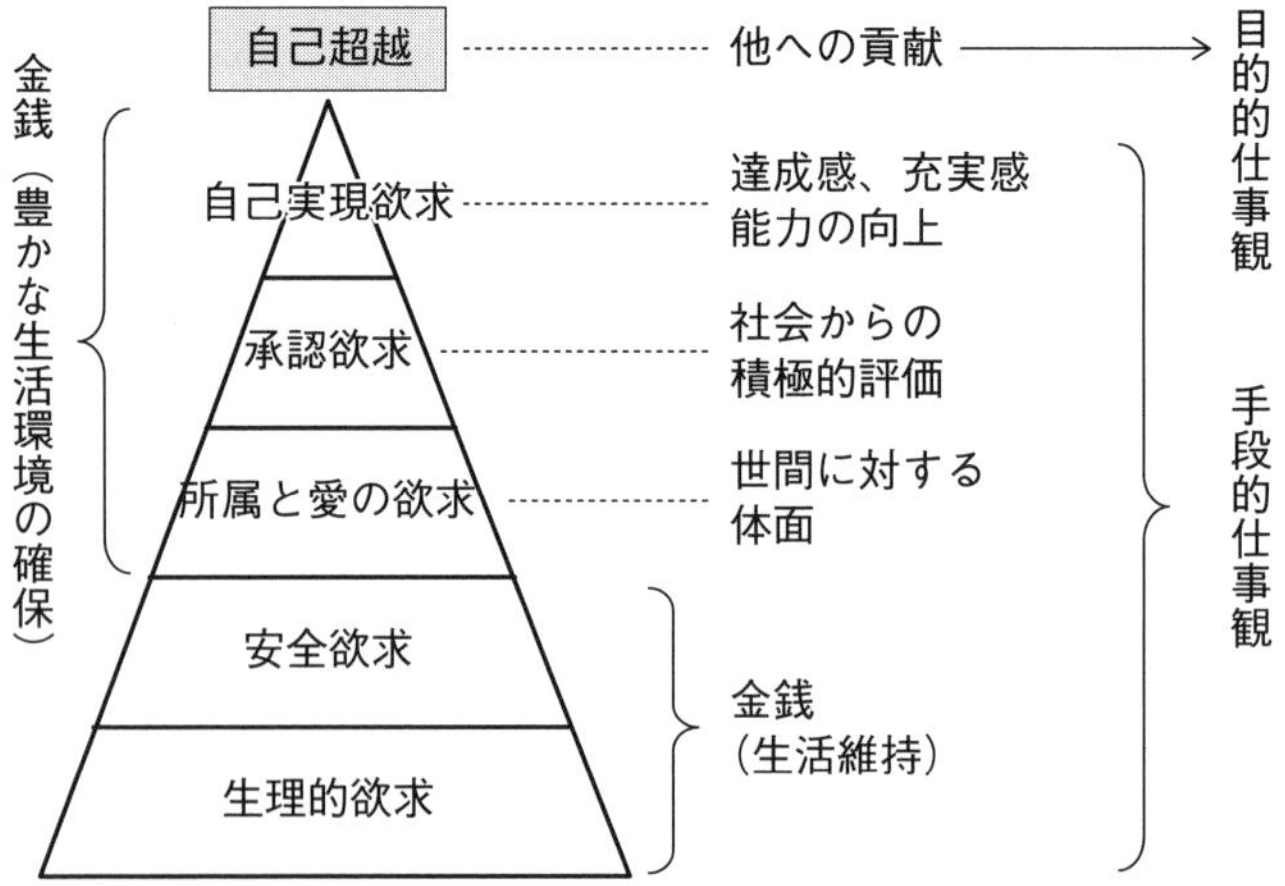

では、どのような行為のことを私たちは「仕事」と呼ぶのでしょうか。私たちがある行為を「仕事」と呼ぶとき、その行為のどのような特徴に着目しているのでしょうか。言い換えれば、私たちの多くが、ある行為を「仕事」というカテゴリーに含めるときの条件は何なのでしょうか。

それは、次の三つだと考えられます。

①金銭獲得……その行為によって金銭あるいはそれに代わる物質的報酬が得られるということ。

②他者貢献……その報酬をだれかからむりやり奪い取るのではなく、貢献を受けた相手が喜んでそれを支払うこと。つまり、行為の目的が他者貢献であるということ。

③継　続　性……同じ種類の貢献活動が継続されること。

このように、一部の自給自足を中心とした社会を除けば、「他者貢献」は、実は仕事という概念の重要部分を占める意味要素なのです(11)。

(11) このようにして、私たちがある概念に対して共通に感じ取っている中心的意味を引き出す方法を、フッサールは「本質直観」と名づけています。

ちなみに、仕事に限らず何ごとにおいても、自分の欲求とは切り離して、対象そのものがもつ価値を尊重する世界観を「目的的世界観」と呼ぶならば、対象を自己の欲求充足の手段、つまり道具と見る世界観は「手段的世界観」と呼ぶことができます。この二つの世界観は、私たちの意識の中に同居しています。

マズローの発達モデルの全容

このことを踏まえて、私たちの心理的発達の過程を、「自己超越」段階を含めたマズローの構造モデルを使って、もう一度整理しておくことにしましょう。

まず、私たちの意識状態はつねに一定ではないという事実を認めなければなりません。私たちの意識状態は、マズローが示す意識の構造モデル（欲求の五段階＋自己超越の段階、つまり図13に示した全体）の中で広がりをもっています。

新生児から乳児、そして幼児の場合は、その広がりの範囲は、「生理的欲求」「安全欲求」そして「所属と愛の欲求」の領域に限られます（「承認欲求」以上の領域は、まだこの時点では成立していません）。ただし、その中心は、加齢とともに、その範囲の中で少しずつ上へ上へと移行していきます。

そして、青少年期を経て成人ともなれば、意識の広がりは、底辺近くから「自己実現の欲求」

レベルを含んだ広い範囲に及ぶようになります。そして、その中心は、「承認欲求」や「自己実現の欲求」の次元に置かれます。ですから、「生理的欲求」の満たし方も、それなりに節度をもったものになります。

そして、広がりが「自己超越」の領域にまで及ぶ人たちがいる。これは、それほど稀《まれ》なことではないと思われます。ただし、その中のごく一部には、意識の中心がそこに置かれた状態を保つ人たちがいる。

これが、マズローの意識構造モデルを用いて描写した私たちの心理的発達の全容です。

自己超越のほかの特徴

マズローは、自己超越の特徴を、ほかにも多くのことばを用いて描写していますので、参考までにいくつか紹介しておきましょう。

まず、ものの見方が「対象中心的」であるということです。自己概念が拡大し、自己と対象との境界が薄れるのですから、対象とのあいだに一体感が生まれるということです。

それから、これに関連して、自己超越的な態度というのは、完全に自発的、積極的でありながら、同時に、受け身的、受容的、かつ謙虚であるということをマズローは指摘しています。

私たちの常識では正反対に見える特徴が、一つに統合されているということです。

本書ではこれを、「能動的－受け身的」姿勢と呼ぶことにします。
マズローは、次のような例を示しています。

「壁に歪《ゆが》んでかけられている絵は、真直《まっすぐ》になおされることを願っている。(12)」

曲がってかけられた絵に自然に手が伸びて、これを直したとすれば、それは、この私がそうしないと気がすまないからではなく、壁の絵はまっすぐの方がその絵らしいからです。私はこの問題をどう解決したいのかではなく、この問題はどう解決されたいのか。超越的な認識方法は、このように主語の逆転を伴います（もちろん、その都度の認識は暗黙的ですので、これは後づけによる説明ですが）。

このように、自己超越的な認識や行動は、自発的、能動的なのですが、それは対象からの要求に耳を傾けるからであって、同時に、徹底して受け身的、受容的、そして謙虚でもあります。

ちなみに、前の章では、「主体的当事者の観点」という表現が登場しましたが、この場合の「主体的」は、能動的に状況を見極めて、それに応じた的確な行動をとろうとする態度ですから、「能動的－受け身的」姿勢のことを指します。

それから、あと一つ、マズローが挙げる自己超越の特徴を紹介しておきましょう。

それは、創造的で既成概念にとらわれないこと、あるいは二分法を超越していることです。二分法を超越するというのは、既成概念によれば正反対で両極にあるものが、超越的な見方からはその区別がなくなるということです。

たとえば、今見たように、自身の認識や行動も、能動的かつ受け身的です。自己概念が拡大していますから、利他と利己の区別も薄まります。

あるいは、選挙に行くという行為は、権利であり義務でもあります。選挙権を行使することで民主主義政治に参加することができる一方で、一人ひとりが選挙に行く義務を果たさないことには民主主義は成り立たない。こう考えると、権利と義務、これら二つの概念の区別は意味をなさなくなります。そして、選挙に行くことが権利でもあり、かつ義務でもあるならば、これはかってに放棄することができない行為であるという理解にいたります。

もともと言語の体系は、自己と環境との対立構造をベースとしてでき上がっていますので、その境界が薄まれば、意味をもたなくなる対立概念がたくさんあるということです。

(12) マズロー、前掲邦訳書、上田吉一訳『人間性の最高価値』１４０ページ、11～12行目。

「狭義の自己実現」段階から「自己超越」段階に移行する契機は

さて、それでは、「狭義の自己実現」段階から「自己超越」段階に移行する契機（＝きっかけ／動因）となるものは何なのか。これはなかなか難しい問題です[13]。

ただし、次のことは明らかに言えます。

マズローが「自己超越」と名づけるような思考方法や行動パターンを実際にだれかが示したとき、それに比べて、ただ狭義の自己実現欲求を満たそうと躍起になっている自分が小さく感じられることは珍しいことではありません。「私が、私が」と叫び続けることが、それほど大きな意味をもたないと感じることが確かにあります。

それは、自己実現や自己超越、そしてその違いなど、マズローが行った説明についてまったく知らない場合にも同じことが言えます。

これは、私たちの意識の中に、マズローが言う自己超越的な段階に向かおうとする契機が潜在的に組み込まれているということを意味しています。

あるいは逆に、実際にだれかのこうした思考方法や行動パターンに直接触れることがなくても、マズローがことばで描き出した自己超越的な諸特徴に対して何らかの新鮮さや魅力を感じることがあるとすれば、やはりこの場合も同様のことが言えます。

いずれの場合も、それまでに積み上げてきた概念体系や価値体系に対して、いったん否定の契機がはたらきます。

たとえば能動が受け身であり、権利が義務であり、利他が利己でありと、これまでの概念的な区別に意味がなくなるのを感じます。固定観念から脱するわけです。

そして、「自己」「自我」「私」という概念もまた、「環境」との対比が薄れて、いったんゼロベースに戻されることになります。

話がわかりにくくなってきましたが、鈴木大拙らの東洋的、日本的な哲学は、ここのところを論理的に説明しようと試みています。第三章では、これを見てみることにします。

いずれにしても、自己超越的な考え方や行動の存在を知ることは、そこに意識の広がりが及ぶ一つの契機となることは確かです。私たち現代人にとって、マズロー理論を学ぶ意味はそこにあります。

(13) マズローは、「至高体験」といって、何らかの没我の瞬間（日常生活の中の些細なものも含めて）を体験しているかどうかを、超越次元への発達の契機として重視しているようですが、やや大きく取り扱いすぎている感もあります。なお、マズロー自身が「自己超越」的な発達次元に関心を抱いた契機としては、精神医学者であるフランクル（ヴィクトール・フランクル、V.E.Frankl, 1905〜1997）が言うところの「意味への意志」という高次元の心理的はたらきの存在に気づいたことと、鈴木大拙らの研究を通して東洋的、日本的な思想に触れたことが挙げられます。

そして、仮に、一人ひとりがこのような方向性をもった努力をすることによって多くの社会問題が解決に向かうならば、この努力を引き受けることは、私たち一人ひとりの社会的責任であるということになります（第四章では、私たちの心理的発達を現代の社会問題の視点から考えます）。

マズロー自身も、条件しだいでは、だれもが自己超越レベルの意識のウエイトを高めていくことができることを重視して、これを促進する社会的条件を増進し、反対にこれを阻害する社会的条件を排除していく必要性を主張しています。

より現実的に再解釈すれば

さて、マズロー理論に対して、もっとわかりやすい現実的な説明はないものか、現実の生活とどのような関わりがあるのか、このような疑問があるかと思います。

そこで、次のような再解釈の方法を紹介して、実生活との接点を探ることにしましょう。

「自己超越」のさまざまな特徴を一つの現実的な表現に集約すれば、それは、自然な「貢献意識」ということになろうかと思われます。

「自己超越」のこの側面をクローズアップして、その発達過程を説明してみましょう。

たとえば三歳ぐらいのこどもが、友だちのおもちゃを取り上げて独り占めしているとします。それを見つけた親は、「返しなさい！」と厳しく叱るでしょう。それを受けて、その子はしぶしぶおもちゃを返します。そのときの動機はなんでしょう。

もちろん、失いかけている親の愛情を取り戻したいという気持ちが、意識の中で大きなウエイトを占めるからです。「所属と愛の欲求」です。しかし、それだけかと言うとそうではありません。一方では、友だちが泣いているということに対して幼児なりの自己責任を感じるからです。

幼児の脳は、すでに他者の悲しみを自分のそれと同様に認識できるだけの能力を身につけています。「共感性」と呼ばれるものです。その背景には、たとえば逆に自分がだれかからよく似た仕打ちを受けた記憶があります。

このとき、おもちゃを返すという行為は、自分にとっての「役割」となります。そしてその「役割」を果たすことによって、結果的に親の愛を取り戻すことに成功する。こうした報酬によって、さらに「共感性」や「役割意識」に磨きがかけられます。そうすれば、一方で、その後新たに生まれた「承認欲求」も満たされやすくなる。それを報酬として、さらに「共感性」と「役割意識」が磨かれる。そうすれば自分の優位性がさらに強く確立できるし、さらにその後、新たに生まれた「自己実現の欲求」もかなり充足できます。そこでさらに、「共感性」と「役割意識」が磨かれていく。

つまり私たちの意識は、「生理的欲求」から「自己実現の欲求」にいたる自己中心的な欲求（＝五つの欲求段階）と、もう一方の、「共感性」や「役割意識」に支えられた「貢献意識」とが相互に作用し合って、一方では自己中心的な欲求の内容はより高次元化し、もう一方の「貢献意識」の方は、私たちの内面に占めるそのウエイトを高めていきます。

これもまた、私たちの意識の発達（＝成長）に関する一つの説明です。それは「主体性」の獲得プロセスであり、「依存性」や「自己中心性」から脱却していくプロセスです。

マズローの言う「自己超越」的な意識は、その現実的な特徴としての「貢献意識」にスポットを当てて見てみれば、自己中心的な諸欲求（五段階の欲求）との連続性がまったくない中で突然出現するというものではありません。

この説明は、図15中の＜図Ｂ＞のように描くことができます。

貢献意識と倫理意識

私たち成人の意識状態は、通常、この図のかなり上の方に位置します。

ここで、幼児のおもちゃの例に換えて、おとなの日常生活の場合を考えてみましょう。

たとえば、私たちが仕事で何かのミスを犯したとき、それをカバーしようと必死に行動する

図 15　マズローの発達論とその再解釈

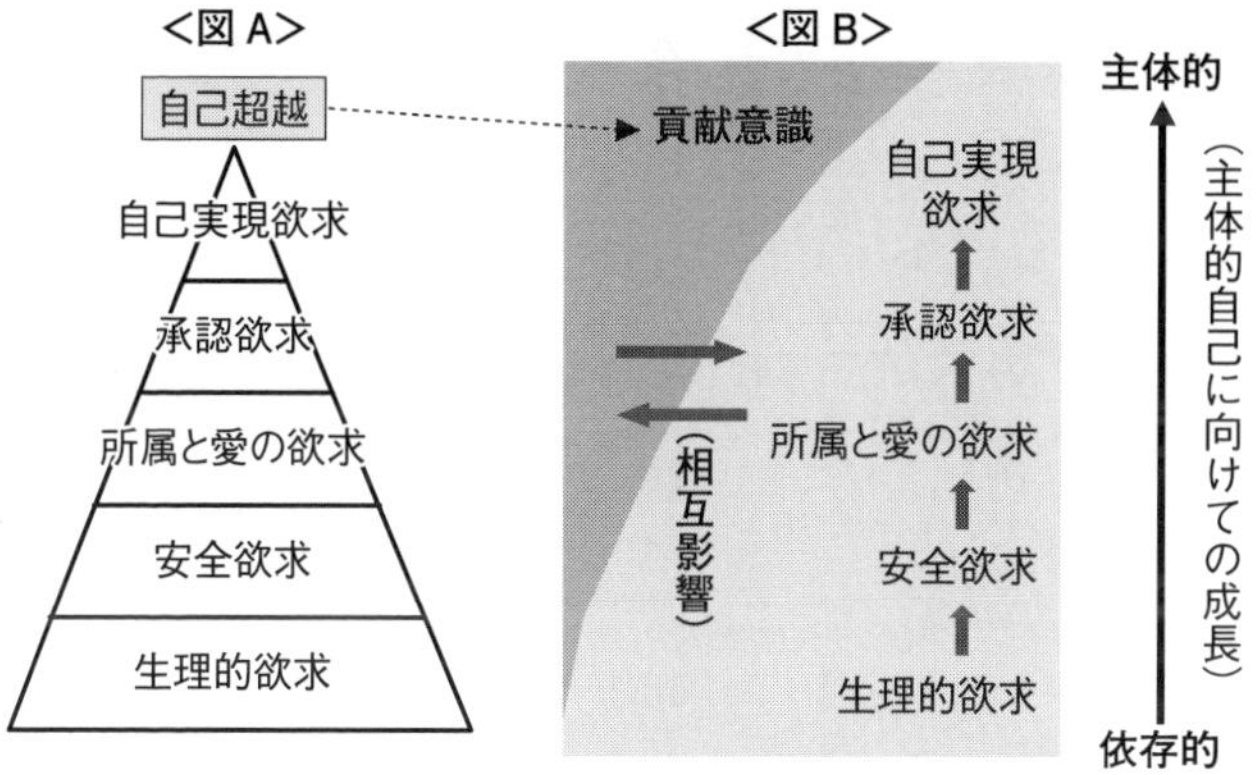

「欲求」の高次化とともに「貢献意識」のウエイトは増加する。
また、「貢献意識」の増加が、「欲求」の高次化を促す。
（マズローの言う「自己超越」段階は、「貢献意識」のウエイトがもっとも高い状態）

のはなぜでしょうか。

一つは、自分に対する組織や周囲からの評価が下がる、あるいは自己嫌悪に陥りたくない、そのような自己都合とでも言うべき事情があるからです。つまりこれは、「承認欲求」や「自己実現欲求」に基づく状況認識です。

しかし、それだけではありません。私たちが自分のミスをカバーしようと努めるのは、そのミスの影響がだれにどのように及ぶのかについて、ありありとした情景が思い描かれるからでもあります。むしろ私たちの意識に最初に立ち現れる映像は、叱責を受けている自分や評価されなくなった自分の姿ではなく、自分が犯したミスの影響を受けてトラブルに陥った他者の姿です。

私たちはものごとをどのように「認識」する

のか——どのように「意味解釈」あるいは「文脈形成」をするのか——とあらためて問えば、この例からもわかるように、一方では自分自身の利害、あるいはその背景にある諸欲求との関連においてです。

そしてもう一方では、他者の利害や欲求に関連づけようともします。

私たちはつねに、自分の観点からだけではなく、他者の観点からもさまざまな事象に「意味」や「文脈」を与え、その中で自分が果たせる役割を見出そうとしているのです。

このような認識のしかたをもたらすのが、「貢献意識」です。またこれは、そのまま「倫理意識」と呼ぶこともできます[14]。

ちなみに、図15の〈図B〉に示した再解釈モデルでいえば、右側部分を「利己心」、左側部分を「利他心」と呼ぶことができます。この図からわかることは、「利他心」は「利己心」から生まれるということです。他者も同じ利己心をもつということを知るからこそ、利他心が生まれます。利他心は利己心の現れの一つであり、また利他行為が利己心を満たすなら、これもまた二分法の超越の一例です。

マズローの言う「自己超越」的な意識は、自分を特別視しないということです。ですから、自他を区別した上でいずれの利益を優先させるかという発想からも自由になって、つねにできる限りの全体最適に関心をもつことになります。

貢献意識に基づく認識は共有可能性が高い

「貢献意識」に基づく認識は、共有可能性の高い発言内容を生みます。

たとえば、もう一度、第一章の老舗洋菓子メーカーのマネジャーのケース（37ページ）で考えてみましょう。

あのケースでは、主人公が「デパートと当社の売上げ低下率が同じである」という事象に気づいた背景には、次のような意味解釈がありました。

「味、品揃えともに好評を得ておきながら、結局、顧客を引きつけているのは当社ではなく、デパートのブランドである。当社の売上げ低下率が前年同月比5パーセントで、デパートのそれと同一であるということがそれを物語っているのではないか。もしそうならば、当社の商品に出合って満足した顧客に対して、再び満足を得ていただくための工夫ができていないということになる。」

(14) バーナードは、マネジメントに対するさまざまな考察ののちに、「道徳」をもっとも重要な要素として指摘しています。またドラッカーも、「真摯さ」をマネジメントの基本に置いています。ここで紹介した意識の構造モデルは、道徳心や真摯さの成立根拠を示すものとして位置づけることができます。

というものです。

これは、「貢献意識」に基づく認識です。

そこには、顧客の潜在的な不満足に対する思いだけではなく、ウインドウの中に並べられた一つひとつの商品がその価値を実現していないという思いも含まれています。まさに、状況からの要請に静かに耳を傾けるという認識態度が見て取れます[15]。

ところが、もし彼が同じ事象に気づいたとしても、たとえば次のような意味解釈に基づいていたならばどうでしょう。


「地域各店の売上げが低下しているが、その低下率は、前年同月比5パーセントで、デパートのそれと同一である。これは、景気後退による個人消費の低迷が原因であるということを示すものであり、われわれの努力不足が原因でないことは明らかである。したがって、販売促進担当マネジャーとして、会社から叱責を受ける恐れはない。」と。


これは、個人的な欲求、とくに「承認欲求」を背景とした認識方法です。

この場合は課題の形成にいたらず、何の行動も生じません。

このように、日常の認識方法が「貢献意識」に基づくものなのか、それとも個人的「欲求」に基づくものなのかの違いは、発言と行動の果敢さやその結果に大きな影響が及びます。いずれの認識も暗黙的な「思い」として成り立っているのですが、前者の場合は、言語化することによって、マネジメント課題として周囲と共有される可能性が高いロジックが生まれます。これに対して後者の場合は、言語化されて生じたロジックから何も派生してきません。まさに、「見方によって見え方が決まる」「見方を育てるのは自分自身である」。つまり、認識の自己マネジメントの問題です。このことは、私たちが自己形成の方向性を考えるにあたって、有効な指針を与えてくれます。

新たなケースで考えよう

別のケースを用いて、私たちの意識構造を、重ねて振り返ってみることにしましょう。

(15)　比喩的な言い方をすれば、自分（あるいは自分たち）が果たせていない役割を未知数χとする方程式を立てて、その方程式を解く。貢献意識に基づく認識とは、そのようなストーリー展開の中でものごとを見る習慣のことで、能動性と受動性を兼ね備えています。自分を責めとがめる「自責」とは異なります。

＜ケース＞

健康食品メーカーの営業担当であるA氏は、本日の午後に予定されているイベントの重要なパートである新商品のプレゼンテーションを任されている。このイベントは、近く発売が予定される新商品拡販のために、担当地域の大口得意先を集めて行うもので、大手量販店を中心に重要顧客が参加する予定である。A氏自身も、今度の新商品の優れた特性には深く共鳴していて、その大切なプレゼンテーションを任されたことにやりがいを感じ、万全の備えを整えて、その場に臨もうとしていた。

ところが、当日のお昼前に、A氏の携帯電話に、先日新たに取引契約をし、商品の納入が始まった小さなスーパーの社長から電話があった。その内容は、「先日交わした契約書の内容をよく精査してみたら、Aさんとの間で合意した条件と食い違っている。すぐに説明に来て欲しい。それに……、購入者からお宅の商品に関していくつか問い合わせが来ている。」というものだ。ことの経緯が詳しくわかるのは、A氏だけである。

さて、あなたがA氏なら、どうしますか。

A氏は、ある種のジレンマ状態に置かれています。新商品のプレゼンテーションと、あるスーパーからのクレーム対応のいずれにも取り組まなければならない状態です。もちろん、あらためてスーパーの社長に電話をして、夕方でもかまわないという了解が得られたとしたら、A氏は両方に対応することができます。

しかし、それで問題は残らないでしょうか。

スーパーの社長からの電話では、契約書の内容とA氏とのあいだで合意した内容が相違しているということが問題になっていますが、もう一つ、購入者から何か問い合わせがきているという話が出ています。食品メーカーに勤務するA氏としては、まず何よりも、こちらの方に着目しなければなりません。

この時点では、その問い合わせ内容が、顧客の健康被害に関わるものであるのかどうかはわかりません。ですから、まずこれを確かめなければなりません。もし明確に状況が把握できない場合は、なおさら早い対応が必要です。一人で問題をかかえるのではなく、即座に上位者や同僚に状況を説明し、適切な役割分担につながる行動をとることが求められます。

このように、自分にとって不都合な情報であっても、強い貢献意識、倫理意識をもってこれをオープンにしなければならない場合があるということをふだんから自覚しておくことが必要です。

また、職場には、こうした動きが自然に起きるようなムードをふだんからつくっておくことが求められます。

仮に、この企業の経営理念の中に、「お客様の健康を第一に……」などというフレーズがあって、A氏も自分自身の「貢献意識」からこれに共鳴していたとしても、意識が個人的欲求で占められたときに、この「貢献意識」が影をひそめてしまうことがあります。

このケースの場合は、プレゼンテーションはどうしても私がやりたいという欲求と、クレーム処理もまた私がやりたいという欲求が意識の中でぶつかり合い、葛藤を起こしてしまいやすい状態です。

前者の欲求は、「承認欲求」もしくは「狭義の自己実現欲求」です。

それから後者は、「承認欲求」もしくは「所属と愛の欲求」に該当します。つまり、上司や同僚に代行されたら、自分の折衝のしかたが問われるリスクが生まれるので、問題を大きくしないで、そっと自己解決したいという欲求です。

このように、私たちは自己超越的な「貢献意識」をごく自然にもち合わせていますが、一方では、個人的な諸欲求もまた意識の大きな部分を占めています。私たちは、このように複雑な意識を自己マネジメントする責任がありますが、その際、「自己超越」を含めたマズローの発達モデル（図15の〈図A〉）、あるいはその現実的な再解釈モデル（同じく〈図B〉）を頭に置くことは、その際の助けになります。

遺伝子淘汰説――自然科学の観点から見れば

ところで、意識の発達過程は、自然科学の観点からもある程度説明することができます。ここで、現代の生物学界に大きな影響を与えた進化生物学者ドーキンスの研究を紹介しておきましょう。(16)

生物の身体や基本的行動のパターンは、遺伝情報によって決まります。そして、一つひとつの遺伝情報は、細胞核の中にあるＤＮＡ（デオキシリボ核酸）と呼ばれる物質を構成する分子の配列の具合で決まります。つまり、ある遺伝情報は、ある分子配列に対応して生まれます。そのような、一つの遺伝情報を決める分子配列の一単位が「遺伝子」です。

ドーキンスによれば、この「遺伝子」は、擬人化した言い方をすれば利己的であり、自己保存を至上命題としています。つまり、ある遺伝情報を発信することができる現在の分子配列を、一つの単位としていつまでも維持しようとする習性があるということです。

生物の個体の形質（身体の特徴）や行動は遺伝子の指令によって決まりますが、個体が滅《ほろ》べ

(16) リチャード・ドーキンス（R.Dawkins, １９４１～）。
主要な著書としては、*The Selfish Gene* (*new edition*)（１９８９年）、日高敏隆、岸由二、羽田節子、垂水雄二訳『利己的な遺伝子』紀伊國屋書店（１９９１年）が挙げられます。

ば、そこに宿る遺伝子の自己保存はかないません。そこで、その個体を強くするように個体内で遺伝子が競争し、また、協力し合うことが有利な遺伝子どうしは協力し合います。そして、そのようにしてつくられた個体が、ほかの個体と競争するのです。

ドーキンスは、数々の動物行動――子育てや群れのための行動など、一見、利他的に見える行動も含めて――に対して遺伝子保存の確率を計算したところ、各個体はつねにそれが最大になるように行動を選んでいることが明らかになりました（たとえば献身的な子育てが遺伝子保存につながることは、素人である私たちにも理解できます）。

つまり、生物の進化は、表面的には、個体間の勝ち残り競争――つまり私たちが知っている自然淘汰です――による現象のように見えていますが、実は、自然淘汰の最小単位は個体ではなく、ましてや群れでもない、一つひとつの遺伝情報を生み出す個々の遺伝子だとする考え方です。生物の個体が基本的に利己的なのは、そこに宿る個々の遺伝子が、自己保存という利己的なニーズに基づく情報を身体に向けて発信しているからだということです。

彼のこの考えは「遺伝子淘汰説」と呼ばれ、現代の生物学の背景を占める基本的な考え方になっています。

そうしたプロセスを経て生物は環境適応していくのですが、複雑な外界の変化に対してより適切に対応していくには、遺伝子自身が個体に向けて発信する情報だけでは限界があります。

そこで遺伝子は、自らに代わって身体に指令を出すことができる高機能の情報発信器官をつくりはじめました。つまり、そうしたはたらきをする遺伝子が台頭してきたということです。このようにして生まれたのが神経系であり、そのもっとも発達したものが「脳」です。

このようにして脳はますます進化し、人間の脳へとつながっていくのです。

そして、人類の発達した脳は、その産みの親である遺伝子を無事に存続させるには、利己主義一辺倒ではかえって不得策であることに気づき、遺伝子の指令から独立して、利他的行動を身体に指令することができるまでになりました。

とくに劇的に発達した大脳新皮質は、人間の脳に見られる大きな特徴です。脳のこの部分は、利他的行動を身体に命じることができます。また、人間の場合、大脳辺縁系と呼ばれる動物的な脳の部分にも、相手の表情を見分ける機能をもった部分や、他者と相い和《あわ》すことを促進することに関わる部分があることがわかってきています。これらの脳の機能は互いに相乗性を発揮して、個体どうしが協力し合う関係をもつことを可能にしています。

また、一人の人間の発達過程を見ても同じことが言えます。乳児は進化した人間の脳をもっていますが、まだ十分に機能していません。したがってその行動は、まだ未発達で利己的な動物の脳の指令によって生み出されます。しかし加齢とともに、人間の脳である大脳新皮質が機能しはじめて、「共感性」や「役割意識」が芽生え、これに基づく「貢献意識」や「倫理意識」

を身につけていきます。

個体発生と系統発生

マズローの時代には、生物学からのこうした説明がまだ生まれていませんでしたが、それでもマズローは、自らの欲求段階モデルは一人の人間の発達の順序であり、また生物進化の順序でもあることを示唆していました。ここからも、彼が自身の説明モデルを、時間軸を伴うものと見ていたことをうかがい知ることができます。

彼のことばを引用すれば、

「高次の欲求は、系統発生的、進化的に後から発達したものである。」

「高次の欲求は、個体発生的に後になって発達したものである。」

などと言っています[17]。

「系統発生」というのは生物学の用語で、進化を意味します。また、「個体発生」というのは、これも生物学の用語で、個体の発達（成長）を意味します[18]。

ただし、他者を大切にしようと考えるのは人間の進化した脳のはたらきによりますが、一方では、他者を押しのけてでも自己利益を追求しようと緻密な計算をし、方策を考え出すのも進化した脳です。つまり脳のはたらきをコントロールするのも脳ですから、そのしかたに個人差が生まれます。マズローが、私たちの健全な精神的発達を促進する社会をつくりあげる必要性を説くのはそのためです。

ドーキンスもまた、彼の主著の中で次のように述べて、利己主義の克服を呼びかけています。

「もしあなたが、私と同様に、個人個人が共通の利益に向かって寛大に非利己的に協力し合うような社会を築きたいと考えるのであれば、生物学的本性はほとんど頼りにならぬということを警告しておこう。われわれが利己的に生まれている以上、われわれは寛大さと利他主義を教えることを試みようではないか。そうすれば、少なくともわれわれは、遺伝子の意図をくつがえすチャンスを、すなわち他の種がけっして望んだことのないものをつかめるかも知れない

(17) マズロー、前掲邦訳書『(改訂・新版) 人間性の心理学』 146ページ、12行目、ならびに16行目。

(18) 生物学者ヘッケル（エルンスト・ヘッケル、E. Haeckel 1834～1919）の有名なことばに、「個体発生は系統発生を繰り返す」というものがあります。一つひとつの個体の発達は、生物全体の進化と同様のプロセスを経ているという説です（「反復説」と呼ばれます）。原理的にそう言えるのかどうかは議論のあるところですが、少なくとも両者が現象面において相似形をなしていることは確かです。

のだから。[19]」

ちなみに、先ほども示したように、ドーキンスの計算によれば、個体ベースでは自己犠牲に見える動物の行動は、個体内に宿る遺伝子が保存される確率から見れば、実はその方が有利であるケースが多いらしいのです。

しかしチンパンジーなどの高等動物の場合、必ずしもそれだけでは説明がつかない利他的行動が見られます。また、イヌやネコの場合も、仲間や飼い主に対して見せるいたわりのしぐさや思いやり行動は、遺伝子の利己的戦略によるものとは思えないものが多くあります。

人間がもつ利他的意識の誕生をどの進化段階にまで遡って説明することができるか、動物行動学などの分野における研究の深まりが期待されるところです。

第2節　パーソナリティに関する理論

ソーシャルスタイル理論

マズロー理論は、人間の心理的発達に関する説明モデルです。

これに対して、本節で紹介するソーシャルスタイル理論は、パーソナリティ（＝個性）の多様性を扱うものです。

発達や成長ということばは、下から上への縦方向の変化というイメージを伴いますが、ソーシャルスタイル理論は、どちらかと言えば横方向の広がりのイメージです。

それは、パーソナリティ面から見た自己と他者の特性を知り、その違いを乗り越えるために有効な理論です。

この理論は、デービッド・メリルとロジャー・リードというアメリカの行動科学者によるものです。[20]

(19) ドーキンス、前掲邦訳書『利己的な遺伝子』18ページ、10～15行目。
(20) ソーシャルスタイル理論と呼ばれる理論体系はいくつかありますが、中でも、デービッド・メリルとロジャー・リードのものは研究方法がしっかりしていて、結果的に内容も充実しています。文献としては、D.W.Merrill, R.H.Reid, *Personal Styles and Effective Performance*（1981年）があります。

私たちは人の個性をどのようなものさしで見ているか

私たちは、人の個性を表現することばをたくさんもっています。それらのことばの使われ方に対して、統計的手法による分析を施したところ、それらの多くには、共通する意味が要素として含まれていることが明らかになりました。

たとえば、知っているだれかのことを「親分肌だ」と言うとき、そのことばにはどのような意味が込められているのでしょうか。

因子分析という方法によって、そこには「支配性が高い」という意味が色濃く含まれていることがわかりました（支配しようと意識しているということではなく、ふるまいがそのように映るというニュアンスです）。

「ムードメーカーだ」ということばについても同様です。それから、「厳しい」「はっきりしている」などという表現の中にも、同じく支配性の高さが、暗黙的ながら意味として入り込んでいます。このように、「支配性が高い」という意味は、個性を表現する多くのことばの中に要素として入り込んでいるのです。

逆に、「温厚だ」「人当たりがいい」「慎重だ」「もの静かだ」などはどうでしょう。これらのことばには共通に、「支配性が高くない」という意味が含まれています。

このように、個性を語ることばの多くが、「支配性が高い」か「支配性が高くない」のいずれかの意味を含んでいる――つまり私たちは、そういう意味を込めてこれらのことばを使っている――のです。

このことは、私たちが人を見るときには、「支配性」の高さを重要な尺度として用いているということを示しています。つまり私たちは、自覚的ではないけれども、人を見るときには支配性の高さが気になっているということです

それからもう一つ、多くのことばに含まれる意味の尺度があります。

それは「開放性」、つまり気軽に人と交わろうとするかどうかの度合いです。

たとえば先ほどの「親分肌」ということばには、「支配性が高い」という意味と同時に、「開放性が高い」という意味が含まれます。「ムードメーカーだ」も同様です。

それでは、「温厚だ」「人当たりがいい」についてはどうでしょうか。

先ほど見たとおり、これらのことばには「支配性が高くない」という意味が含まれていますが、同時に、「開放性が高い」という意味が含まれています。

一方、「厳しい」「はっきりしている」「慎重だ」「もの静かだ」については、どれにも「開放性が高くない」という意味要素が共通に含まれています。ただし、支配性については、先ほど見たように、前の二つは「高い」、後の二つは「高くない」でした。

このように、人の個性を語ることばの多くには、「支配性」と「開放性」という二つの尺度による意味が、要素として含まれています。つまり私たちは、無自覚的ながら、人の個性をこれら二つの尺度によって見ようとする傾向があるということです（もちろん「支配性」と「開放性」のどちらか一方の尺度上の意味だけを含むことばもありますし、いずれの尺度による意味も入り込んでいないことばもあります）。

これら二本の尺度を交差させて、それぞれのセル（象限）に位置づけられることばの例を示したのが図16です（マズロー理論が縦方向のイメージであるのに対して、ソーシャルスタイル理論は横方向のイメージなので、あえて平面的な広がりをもった描き方にしました。また、例示されたことばは、著者の判断と選択によるも

図16　D.メリルとR.リードのソーシャルスタイル理論（本書の解釈による）

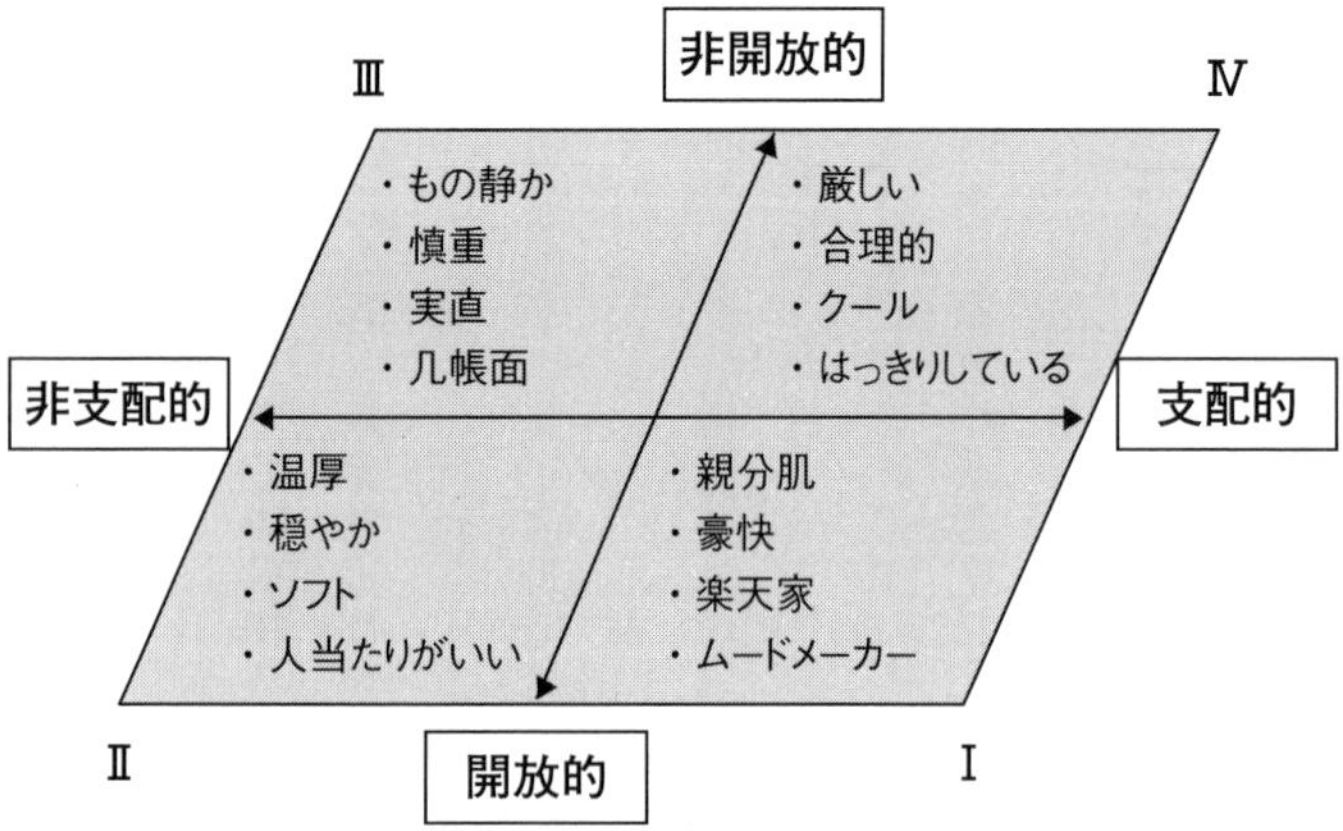

のです。なお、それぞれのセルに対して、便宜的に、Ⅰ、Ⅱ、Ⅲ、Ⅳの記号を与えています)。

この理論の用い方

以上が、ソーシャルスタイル理論の概要です。

この理論を用いれば、自分や他人のパーソナリティについて、ある程度の見極めがつきます。しかし、研究方法から見れば、この理論は本来、自分や他人のパーソナリティを見極めて分類するものではないのです。

この理論は、人を分類するものではなく、人を語ることばを分類するものです。ですから、だれだれはⅠ型だ、いやⅡ型だなどと、人をカテゴライズ(分類)するために用いるのは基本的には控えるべきなのです。人間はひじょうに複雑な存在ですから、一つの理論によって自分や他人を判断し、カテゴライズすることはできません。

日本では、血液型で人を判断しようとする傾向が蔓延していますが、これも同様です。では、私たちはこの理論を、どのように用いればよいのでしょうか。

まず、利用目的についてです。

この理論を用いて自分と相手のパーソナリティを見極め、その違いを乗り越えることが相手のためになるとき、あるいは自分と相手の共通目的の実現につながるとき、このようなときには、この理論の利用を拒むべきではありません。

たとえば、マネジメントの立場にある人の場合、職場メンバーの個性を一人ひとり把握して、それぞれに対して適切な指導をしようとする際の観点の一つとしてこれを用いるのは妥当な利用方法です（このあと実例を示します）。

それから、自分自身の仕事の進め方や、会話時の傾向を見極めて、必要なところに改善を加えていくために利用することもできます。

日頃からのこうした努力が、結果的に自分自身のパーソナリティの幅を広げ、また他者を理解し、受け止める姿勢を高めていくことになります。

もう一つの注意事項は、自分やだれかをある型に位置づけるとしても、あくまでも一つの方便としてこれを行っているという自覚が必要です[21]。

人のパーソナリティを語る多くのことばは、統計的に、Ⅰ、Ⅱ、Ⅲ、Ⅳの四つに分類することができますが、ある人が各象限のどこかに位置づけられるということは、本来ありえません。人は、Ⅰ、Ⅱ、Ⅲ、Ⅳに該当するそれぞれの傾向のすべてを、その人なりのウエイトで備えているのです。

期限までに書類を出さない人がいたら

ここで例題です。

あなたは、ある職場のマネジャーです。職場には四人のメンバーがいるのですが、それぞれが異なるパーソナリティをもっていて、ちょうどソーシャルスタイル理論によって分類されるⅠ、Ⅱ、Ⅲ、Ⅳの各傾向にそれぞれ一致しているとします（もちろんこの設定は、練習のためにあえて単純化したものです）。ところが、行動傾向において一つだけ共通する点があります。それは、みんな揃いもそろって提出期限までに書類を出そうとしないのです。しかし、パーソナリティが違うのですから、そうなってしまう理由はそれぞれに異なると考えられます。あなたは、それぞれの心の動きを推察して、個人別に適切な指導ができますか。まず期限に書類が出てこないそれぞれの内面的理由を推察して、次に、それぞれの内面に響く効果的な指導のせりふを考えてみてください。

解答例を示しましょう。

(21)「方便」というのはもともと仏教の用語ですが、「状況に応じた正しい方法」というような意味です。たとえば、わかりやすいことばの方が相手に伝わりやすいのならわかりやすいことばを、専門用語の方が伝わりやすいのなら専門用語を用いて説得するなど、目的を達成するためのこだわりのない臨機応変な姿勢をよしとするものです。

まず、それぞれの内面的要因を、スタイルごとに考えてみましょう。

はじめに、Ⅲの傾向をもつメンバーです。この人が納期遅れを起こしてしまうとすれば、過剰な完璧主義が要因であることが多いと考えられます。

たとえば、次のようなやりとりが想定されます。

あなた「あれ、まだかな？　もう三日過ぎてるよ。」
相　手「はぁ、確かに三日過ぎておりますが、まだ提出できるほどの完成度にはいたっておりませんので。」
あなた「あと、どれぐらいかかるの？」
相　手「そうですねぇ、あと一か月ほどいただければ、まちがいのないものを提出することができるのではないかと思いますが。」

という具合です。

次に、正反対のⅠの場合は、過剰な楽観主義を要因として挙げることができます。

あなた「あれ、まだかな？　もう三日過ぎてるよ。」
相　手「え、なんでしたっけ？」

という具合です。
あるいは心の中で、「期限は一〇日だったなぁ。ということは一五日ぐらいまではだいじょうぶだな」などと考えてしまっていることがあるかも知れません。
次に、Ⅱの場合。これは、過剰な親和主義が要因であることが考えられます。

あなた「あれ、まだかな？　もう三日過ぎてるよ。」
相　手「はぁ、できてはいたんですが……（いろいろ指摘されるかと心配で……）」

あるいは、ほかの人たちからも何か頼まれていて、断れないまま多くの仕事を抱えてしまっているケースがあるかも知れません。

最後に、Ⅳの場合です。これは、過剰な合理主義からくる独断が要因である場合が多いのではないでしょうか。

あなた「あれ、まだかかな？　もう三日過ぎてるよ。」
相　手「はぁ？　あれでしたらすでに口頭で報告してますが、ほかに何か？」
あなた「報告書がまだなんだよ」
相　手「時間かけてまで紙にする必要ないでしょう」

つまり、完璧主義、楽観主義、親和主義、合理主義はみな長所なのですが、それのみが過剰にはたらくと、好ましくない結果を招きます。

では、それぞれに対して、どのような指導のしかたが考えられるでしょうか。

まず、Ⅲの場合は、仕事の目的に応じて、どの程度の完成度が要求されているのかを考える習慣を身につけてもらわなければなりません。メリハリをもった仕事ができないと、重要な仕事に大きな力を割くことができなくなります。

会話の例としては、

あなた　「三日前の納期の時点では、どの程度の完成度だったの？」
相　手　「おそらく八〇パーセント程度かと。」
あなた　「では、この仕事の場合、納期に八〇パーセントの完成度のものを提出していたとしたら、それで何か不都合が起きるということが考えられる？」

あるいは、この仕事に時間をかけすぎたために、遅れてしまっている仕事がほかにないか、そちらの方の不都合と比較考量してみればどうか。このような指摘も有効です。
あくまでも、具体的な事実や、考えられる事実に基づいて話を進めることが必要です。

次に、Ｉの場合です。この場合は、長所としての楽観主義にも歯止めが必要である、という指導が必要です。
会話の例としては、

あなた　「そんないい加減な仕事のやり方だと、人がついてこなくなるぞ。」

というのはどうでしょうか。
人間味ある一言が相手の心の奥に浸透するかも知れません。「君から親分肌を取ったら、何も残らないじゃないか」というような言い方も、一種のほめことばとして、そして励ましのことばとして受け止めてくれるかも知れません。

次にⅡです。人とぶつかり合うのも仕事、自分なりの主張をすればいい。この感覚を指導しなければなりません。
会話としては、

あなた「それでいいよ、君の考えでつくってくれたものなら。もし私と考えが違ったら、そのときは話し合おうよ。」

それから、全体のことを考えたとき、できない仕事ははっきり断るというのも大事な決断であることを指導しなければなりません。

最後に、Ⅳです。

合理主義と独断とは別である、これを指導しなければなりません。

会話の例です。

あなた「確かに口頭では聞いたけれども、報告書の提出は省略していいでしょうかというような相談は受けてないよ。……（少し間をとって）……合理主義と独断とは別だからね。」

このように、相手のパーソナリティ、つまりありのままの姿をまず認めて、その上で、それぞれのパーソナリティに応じた指導をしていく姿勢が、相手の気づきを促します。

また、この理論は、相手だけではなく自分の認識や行動の習慣を振り返って、補正していくためのヒントにもなります。

たとえば、マネジャーやリーダーの立場にある人は、会議やミーティングを運営しなければならないときがあります。たとえば一時間の会議ならば、その一時間のあいだにさまざまな局面の変化があります。それに応じて、自分の中にあるⅠ、Ⅱ、Ⅲ、Ⅳの各要素のどれかを表に出し、あるいは控えるという自己マネジメントを間断なく行うことが必要になります。

こうした努力があってこそ、一時間の会議が有効なものになります。

その際、そのような自覚がなければ、自分の場合はどのパターン一辺倒に陥ってしまいがちか。ソーシャルスタイル理論は、そうした自己振り返りを行うためのヒントを与えてくれます。

もちろん、パーソナリティの幅を広げて状況対応力を備える努力は、本来はことばで語れない暗黙知、つまり経験的学びの世界ですが、一方では、ソーシャルスタイル理論によって、言語的、自覚的に試行錯誤のきっかけをつくってみることは有効かと思われます。

理念型としての各スタイル

ソーシャルスタイル理論によって分類された人間像は、あくまでも理念上の人物モデルにすぎません。ただし、理念上のモデルにすぎないということを知った上でならば、私たちはこの理論を、他者を理解する、あるいは自己を磨く、つまり利他的、公共的な要請に応じることができる自己を形成するために利用することができます。

第一章で紹介したマックス・ヴェーバーは、社会科学において、世界を理論的に説明する際に、そこで用いられる基本的な諸概念のことを「理念型」と呼んでいます。

たとえば、「資本主義社会」というのも一つの理念型です。現実には、純粋にその定義に合致した社会は、どの国のどの社会にもない――アメリカ合衆国に見られる典型的な資本主義社会でさえ、個々の企業の経済活動には何らかの制約が加えられています――のですが、それでも、現実世界における社会の型を語ったり比較したりする際の基本概念として有効です。理念型は、点や直線の概念に喩《たと》えることができます。

幾何学で言う「点」は、わずかな面積や厚みさえもちません。「直線」もまた、幅や厚み、それから両端もないものです。これらはあくまでも理念上のもので、現実にはありえない。しかし、これらの概念は、現実世界で役立ちます。

Ⅰ、Ⅱ、Ⅲ、Ⅳに分類される人物像も、同様に、理念型としての機能を果たすものです。話は遡《さかのぼ》りますが、マズロー理論を構成する各欲求や、自己超越という意識状態もまた同様です。

分別と無分別の微妙な関係

さて、このソーシャルスタイル理論との接し方には、現実に、二つの大きなまちがいのパターンが見られます。

一つは、近づき過ぎというパターンです。

人を見れば（あるいはいろいろな人を思い出しては）、あの人はⅠだ、Ⅱだ、Ⅲだ、Ⅳだと当てはめようとする傾向です。これは、理論の過剰適用だと知らなければなりません。

実際に、固定観念によって、まちがった判断をしているケースがひじょうに多いのです。[22]

私たちは、人を語る理論へのむやみな近づき過ぎには注意しなければなりません。日常的な知恵であれ、科学の手続きを経た知恵であれ、人が人を判断する（＝裁く）ということは本来できません（もちろん自分自身を含めてです）。人間の知恵で人間を判断することは本来不可能であり、また無用なことです。

つまり、人は人に対して、本来は、あらゆる「分別」があってはいけない。つまり、「無分別」であるべきなのです（この場合の「無分別」は、一切の判断を保留することを意味します）。

しかし、人を育てる、会議を運営する、マネジメント課題を共有する、人をもてなす、人の悩みを聴くなど、私たちの対人行動の多くは、利他的、公共的特性を含んでいます。ですから、私たちは、これらをうまく進めるために「人を知り自分を知る」、つまり一種の「分別」が必要になってきます。そのための方便として、人に関する理論を学び、そして用いる努力をするのは当然のことなのです。

マズローの意識構造モデルにしても、ソーシャルスタイル理論によるパーソナリティ・モデルにしても、それを用いて自己形成を推進しようとするのは、けっして自己満足のためではなく、最終的にはやはり利他的、公共的な目的のためです。

このように、「無分別」をベースにしながらも、必要に応じて仮に「分別」する、これを東洋的、日本的な哲学では、「無分別の分別」といいます（第三章で詳しく取り上げます）。

つねに「無分別」を帰るところと知ることによって、何につけても固定観念に閉じ込められることなく、必要に応じたさまざまな「分別」が臨機応変にはたらきます。

さて、もう一つのまちがいは、近づき過ぎとは正反対の、離れ過ぎというパターンです。人が人を判断できるはずがないとして、ソーシャルスタイル理論などの人に関する科学的知恵の使用をいっさい放棄してしまう姿勢です。

実はこれも、思い込みに基づく一つの分別です。このときにはすでに、固定観念による判断――つまり「無分別」というゼロベースに立ち戻ることのない独りよがりの判断――がはたらいてしまっています。

中には、「私は人間関係では苦労していないので、このような理論は無用である」という受け止め方も見られるのですが、自分が苦労していないのは相手が苦労しているからです。早まった分別によって知恵の獲得を放棄する前に、まず受け入れる責任を感じ取らなければならないのです。これが、マズローの言うところの、能動性と謙虚さの融合です。

話が込み入ってきましたが、消しゴムや定規に喩《たと》えてみればわかりやすいと思います。

(22)　人のほんとうの個性は、目的をもった行為や行動ではなく、表情や視線、発話のしかたや発声のしかた、ボディランゲージや姿勢などの無意識のふるまい（いわゆる立ち居振る舞い）に現れます。自分にしても他人にしても、それらはつねに観察可能なかたちで現れているのですが、それをつかんでソーシャルスタイル理論に当てはめるということは、比較的多くの人にとって難しいようです。

こうしたものは机の上にあると邪魔なので、引き出しにしまっておく方がいい。しかし、鉛筆で書いたものを消す、あるいはまっすぐな線を引くときには、これらを引き出しから出して使わなければならない。そして使い終わったら、すぐに引き出しにしまう。

ふだんはしまっておくべき分別的な知恵も、使うべきときには使わなければなりません。たとえそれが完全なものでなくても、できる限り使わなければいけない。しかし、用がないときには使わない。この矛盾した関係を受け入れることが、「無分別の分別」です。

ソーシャルスタイル理論に対しては、近づき過ぎも離れ過ぎもよくない。ということは、バランスをとって中間ぐらいの位置がいいのか。

そういうことではありません。離れていながら近い関係（何か遠距離恋愛みたいですが）を保つ、これがソーシャルスタイル理論をはじめ、人に関する理論とのつき合い方です(23)。

自己中心性は支配性や開放性の問題か

ソーシャルスタイル理論に関連した最後の話題ですが、「自己中心」ということばは、支配性や開放性を意味として含むことばでしょうか。

このことばこそ人によって用い方が大きく異なりますし、また場面によっても、そこに含まれる意味が違ってきます。

本書ではこのことばの意味を、支配性や開放性から切り離してとらえようと思います。たとえば、ソーシャルスタイルのⅡは人あたりのよさが特徴でしたが、それが相手のためなのか、自分の立場を守るためなのか、それともその両方なのか。これはソーシャルスタイルの平面上のどこに位置づけられるのかというような問題ではありません。

また、Ⅳの特徴である厳しさも、相手のためなのかそれともただ自分のイライラのはけ口なのかは、ソーシャルスタイル理論は語りません。

むしろ自己中心かどうかというのは、ソーシャルスタイルを平面に見立てたときに、そこに縦方向に交差する軸上に位置づける方が、このことばの多くの使われ方に合致します（ことばの意味は確定的なものではありませんので、「多くの使われ方」と表現しておきます）。

ここで縦軸というのは、マズローの言う自己超越的な意識の発達度合い（思い切って単純化すれば貢献意識の発達度合い）のことを言います。つまり、それを尺度として人間の意識を見たときの、まだまだ未発達な段階、これが自己中心ということです。

そこから脱していく過程が心理的発達であり、その可能性は万人が共有していることはすで

(23) 矛盾したものを同時に受け入れる態度は、竜樹（補章で登場します）のことばを借りれば「中道」に該当します。バランスをとった位置どりを意味する「中庸」とは、ニュアンスが異なります。

に見てきたとおりです。
参考までに、ソーシャルスタイルの平面に縦軸を加えた図を示しておきましょう（図17）。

図 17　ソーシャルスタイルと心理的発達（本書の解釈による）

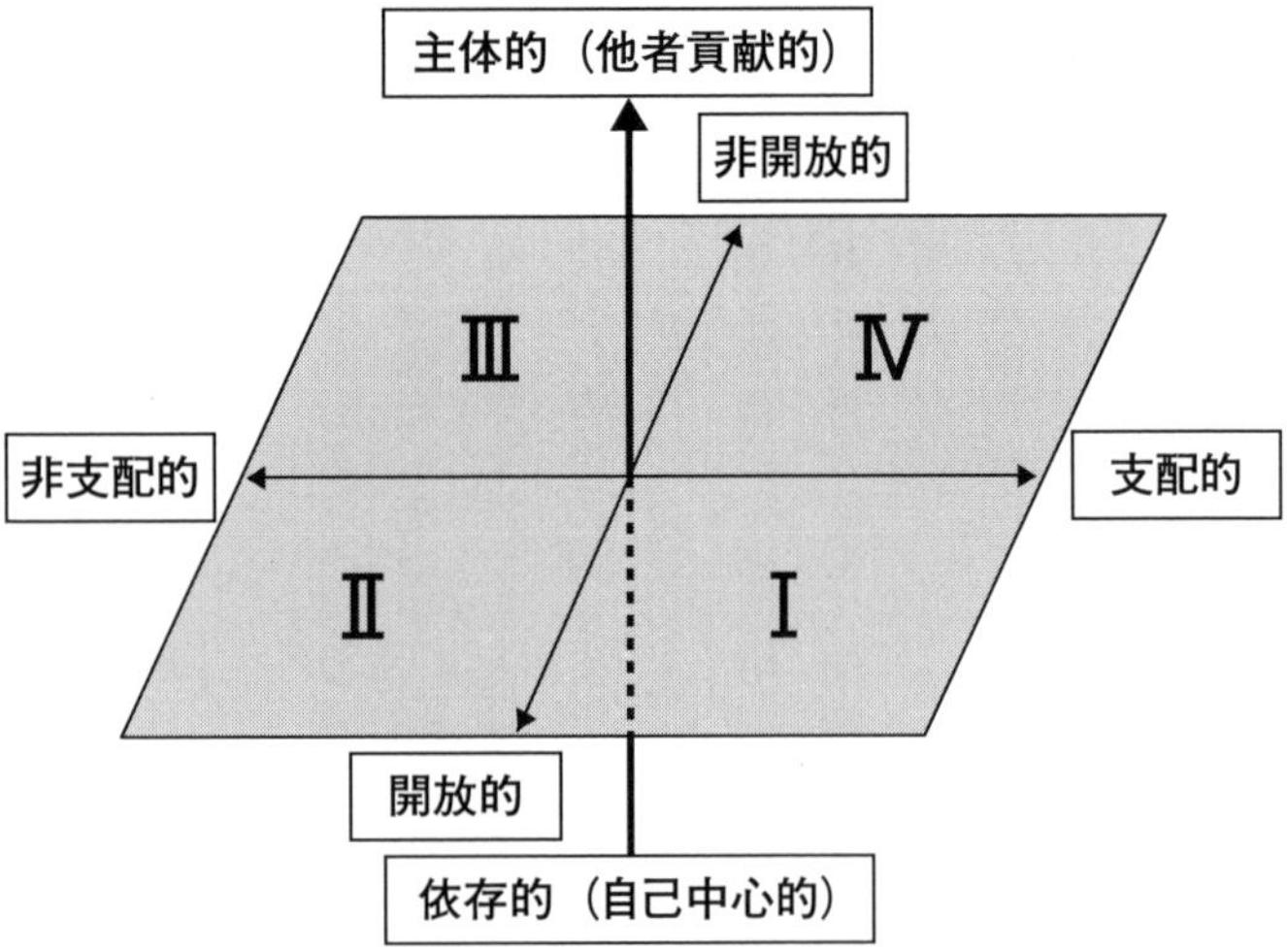

第3節

組織と個人を取り持つ理論

経営管理理論に応用されたマズロー理論

この章の最後に、本節では、組織と個人のあいだを取り持ついくつかの理論を紹介しながら、両者のあいだに生じる微妙な問題について考えます。

私たちは第一節で、マズロー理論について考えましたが、実はこの理論は、経営管理理論（マネジメント論）に応用されることによって、広く一般に知られるようになりました。

それは、経営管理に関心をもつ心理学者マグレガー（D.McGregor, 1906～1964）の功績です。(24)

マグレガーはマズロー理論を、動機づけの方法を考えるための基礎理論としました。

遡れば、アメリカにおける経営管理理論は、二十世紀初頭にテイラーが「科学的管理法」を打

(24)　ダグラス・マグレガー（D.McGregor, 1906～1964）。アメリカの心理学者。主要な著書としては、*The Human Side of Enterprise*（1960年）、高橋達男訳『企業の人間的側面』産業能率大学出版部（1966年）が挙げられます。

ち立てて以来、発展を続けてきました[25]。それまでは、成した仕事の量と賃金額の対応関係さえルール化されていない成り行き管理の下で勤労者たちは疲弊していたのですが、テイラーの努力によってこれが改善され、人々の労働意欲が高まるとともに生産性も向上し、ある程度の生活の安定を得るにいたりました。

そして次には、メイヨー（G.E.Mayo, １８８０～１９４９）らの研究を通して、働く人々の感情や人間関係を重視する施策が一定の成果を収めました[26]。

そして、１９６０年前後にマグレガーが登場します。彼はこれまでのマネジメントの変遷を、マズローの欲求段階説を用いて説明しました。つまり、生活水準が低く、「生理的欲求」と「安全欲求」が人々の行動を左右する時代から、生活の安定を得て、今度は「所属と愛の欲求」が人々の行動を左右する時代に移行した。そして今はそれもかなり満たされて、マズローの言う「承認欲求」と「自己実現欲求」が人々の行動を決める時代に入っている。だから、これからは、これらの高次欲求にはたらきかける施策が必要であるという考えを提唱したのです。

マズローは、この時期にはまだ、「自己超越」の概念を明確には打ち出していなかったので、「狭義の自己実現欲求」を頂点とする欲求段階説が、経営管理論の中に取り入れられたことになります。

同時期にハーズバーグは、多くの勤労者に対する面接調査によって、やはりマグレガーと同

様の結論にいたっています。(27)

以下に、テイラー、メイヨー、マグレガー、そしてハーズバーグによって展開されるアメリカでの研究の流れを、簡単に、順を追って紹介することにしましょう。

アメリカ経営管理論の流れ

組織についてはじめて総合的に論じたバーナード（C.I.Barnard, １８８６～１９６１）の研究は、すでに第一章で紹介しました。これに対して以下に紹介するのは、動機づけを中心に、実務的な視点から、組織と個人のあいだの問題を解決しようとした研究の流れです。

（１）テイラーの科学的管理法

テイラー（F.W.Taylor, １８５６～１９１５）は、生産現場を管理する立場にあった実務家でした。彼の時代は生産性が低く、勤労者の生活は困窮の中にありました。その一方で、成し

(25) テイラーについては、第一章の注釈（22）を参照してください。
(26) ジョージ・メイヨー（G.E.Mayo, １８８０～１９４９）。アメリカで哲学や心理学に携わる。
(27) フレデリック・ハーズバーグ（F.Herzberg, １９２３～２０００）。アメリカの心理学者。
主要な著書としては、*Work and the Nature of Man*（１９６６年）、北野利信訳『仕事と人間性』東洋経済新報社（１９６８年）が挙げられます。

遂げた仕事の量と報酬の関係を定めたルールもなく、職長たちの恣意《しい》的な管理方法も加わって、勤労者たちは疲弊していました。

その中にあってテイラーは、まず、現場の個々の作業を構成する細かい動作ごとに所要時間を測定し、作業を完遂するためにもっとも効率がよい動作の組み合せを突き止め、これに一定の余裕時間を加えて、個々の作業ごとに「作業標準」をつくりました。そして、「作業標準」どおりにやれば得られるはずの期待成果を基準として、それとの対比において、実際の成果に対する賃率を決めました。

テイラーのこうした努力によって、勤労者たちは働きに応じた処遇が保証され、おおいに動機づけられました。これを通じて生産性も高まり、勤労者の生活水準も、徐々に改善されていきました。

テイラーは、この方法が、現場での観察や実験によって進められたことから、これを「科学的管理法」と名づけました。そして、「動作研究」（動作ごとの所要時間を測定したので「時間研究」とも呼ばれます）、「作業標準」「賃率差異」などの方法は、現代のマネジメントにも活かされています。

（2）メイヨーらの人間関係論

次に登場するのが、メイヨー（G.E.Mayo, 1880〜1949）です。

彼は、企業からの依頼によって、工場での作業条件（照明の明るさや休憩のタイミングなどの環境条件です）と仕事の効率との関係について数多くの実験を行いました。とくに、ホーソーンという土地で行った実験は、「ホーソーン実験」として有名です。

実験の結果明らかになったことは、物理的な作業条件よりも、人間関係のよしあしの方が仕事の効率に与える影響が大きいということでした。

彼らの研究成果は、モラール・サーベイ（＝意欲調査）や提案制度、カウンセリング制度その他の福利厚生などの形で現代のマネジメントにも活かされています。

（3）マグレガーのX理論・Y理論

その後、マグレガー（D.McGregor, 1906〜1964）の研究がこれに続きます。

彼は、テイラーやメイヨーらの努力とその結果を、マズローの欲求段階説に照らして説明しました。つまり、彼らの努力によって、働く人たちの「生理的欲求」と「安全欲求」が満たされ、さらに「所属と愛の欲求」が満たされた現在、組織メンバーを動機づけるためには、今や「承認欲求」や「自己実現欲求」にはたらきかけることが適切であると主張したのです。

マグレガーは、低次元の欲求を刺激しなければ人は働かないと見る旧来の見方をX理論、そして、そうではなく人は高次元の欲求をもって仕事に臨むものであると見る見方をY理論と仮に名づけて、現在はY理論を用いる時代であると主張しました。そこから、自ら設定した目標のためには人間は自らの力を最大限発揮するものであるという考え方が導き出されることになり、現代の多くの企業で採用されている「目標による管理」制度の理論的背景となりました。

（4）ハーズバーグの動機づけ・衛生理論

一方、ハーズバーグ（F.Herzberg, １９２３〜２０００）は、多くの勤労者に対する面接調査を行いましたが、その結果、次のようなことが明らかになりました。

それは、達成や承認などは積極的に勤労者を仕事へと動機づける要因になっているのに対して、人間関係や作業条件などは、悪化すれば意欲を低下させる要因にはなっても、よくなったからといって積極的に彼らを動機づける要因にはならないという事実です。どちらかと言えば、給与も後者に該当します。

彼は、前者を「動機づけ要因」、後者を「衛生要因」と名づけ、両者を区別しました（「衛生要因」というネーミングですが、これは、環境衛生が整備されても積極的に病気を治す効果は生まれないけれども、悪化すれば病気が蔓延するという比喩から来ているのでしょう）。

彼の研究は、結果的には、マグレガーのＹ理論を証明したことになります。

この結果を受けて、ハーズバーグはその後、職務設計の研究に力を注ぎました。

人間モデル（＝人間観）の変遷

経営管理理論が誕生したテイラーの時代は、人々の生活は厳しく、賃金という経済的要因が人々の意欲に大きな影響を与える時代でした。したがって、この時代における人間観は「経済人モデル」と呼ばれます。人は経済的な刺激によって行動する存在であると見る人間観です。

その後、テイラーの努力や生産設備の発達によって生産性が向上し、人々の生活が安定してくると、今度は、人間関係などの社会的要因が人々の行動を決定する時代へと移行しました。メイヨーらが活躍したこの時期における人間観は、「社会人モデル」と呼ばれます。

そして、マグレガーの時期には、人間の低次欲求つまり、マズローの言う生理的欲求や安全欲求、そして所属と愛の欲求を満たす環境はかなり整えられるにいたって、むしろ承認や自己実現の欲求が人々の行動を決める要因になっていたのです。

この時代の人間観は、「自己実現人モデル」と呼ばれます。(28)

(28) シャイン（エドガー・シャイン、E.H.Schein）は、それまでの管理理論の背景にある人間観をこのように整理したあと、自らは、人間は状況に応じてそれらのあいだを行き来するものであるとする「複雑人モデル」を提示しています。文献としては、*Organizational Psychology*（１９８０年）、松井賚夫訳『組織心理学』岩波書店（１９８１年）があります。

「自己実現人モデル」は現代においても主流を占める人間観ですが、この人間観の中には、マズローがその後強調した「自己超越」の要素が含まれていません。また、欲求の高次化を経て、自己超越的な傾向が徐々に意識の中で高まりを見せる可能性、つまり発達（成長）という動的な側面も考慮されていません。

これに対して、わが国では最近、マズローの自己超越の段階に対応した、「意味探求人」や「意味探索人」あるいは「意味充実人」と呼ばれる人間観が一部に登場しています。これらは、仕事そのものがもつ意味を探求しようとする自己超越的な傾向に焦点を当てた人間観です[29]。

もちろん、仕事の意味と言うときには、「生活の手段」であったり「社会的評価を得るための手段」であったり、あるいは「自己実現の手段」であるなど、欲求の各段階を背景とするものを広く含みます。これに対して、今紹介した「意味探索人」や「意味探求人」あるいは「意味充実人」と言うときの「意味」は、いずれも仕事そのものがもつ他者貢献的側面のことを指しています。したがって、これらの人間観は、人は「目的的仕事観」をもつ存在であるということを表明するものです。

成長人モデルの提唱

ここにいたって、マズローが晩年になって世に示したあの「自己超越」に該当する人間の心理が、動機づけを中心とした経営管理論の中で、はじめて語られるようになりました。

しかし実際には、目的的な仕事観や世界観が意識の中心を占めるような自己超越的状態は、広く一般に認められる事実ではありません。ただし、第一節で見たように、私たちの意識の一部には、このような状態がすでに成立していて、条件しだいでは意識全体に占めるそのウエイトが高められていく可能性があるということは、万人共通に言えることです。

それが、マズローの描く意識の発達モデルでした。

この発達（成長）という動的側面に着目すれば、「成長人モデル」という動態的な人間観を提唱してもよいのではないかと考えられます。それは、これまでの静態的な各人間モデルのすべてを、「成長」という一つの方向をもった動きの中でとらえ直そうとするものです。

この人間観によれば、人間は「自己超越的な意識の傾向を高めていくことができる存在」であるということになります。

---

(29) 村杉健『作業組織の行動科学』税務経理協会（１９８７年）には、「意味探求人」のことばが見られます。
また、「意味探索人」ということばは、金井壽宏によるものです。たとえば、高柳暁、飯野春樹編『新版・経営学（２）管理論』有斐閣双書（１９９１年）第五章「モチベーション」（金井壽宏著）に見られます。
さらに、寺澤朝子『個人と組織変化』文眞堂（２００８年）には、「意味充実人」のことばが見られます。
いずれも、直接的には、マズローの自己超越概念に影響を与えたフランクル（本章の注釈（13）を参照してください）による「意味への意志」の着想に基づいています。

もちろん外的条件つまり環境にも大きく左右されますが、少なくとも内的条件すなわち人間の意識がもつ潜在能力について言えば、これは明らかなことです。

ですから、そのための外的条件つまり環境を整える努力が必要です。

それが、「成長人モデル」に基づくマネジメントの考え方です。

マズローも、人間の心理的発達を促進する社会制度の導入や、逆にこれを阻害する社会制度の排除について議論する必要性を主張しています。

そして、もちろん組織内のマネジメント諸制度も、議論の対象となるべき社会制度の一つです。

マズローは、自らの理論について、「経営学の斬新なやり方でもなければからくりでもなく、人間以外のことのために人間をより有効に使用するテクニックではないと強調したい」と述べています。[30]

彼の理論は、どのようにすれば人は働くかを考えるための基礎理論ではなく、人間の内面的な成長を促進するための基礎理論なのです。

成長を促進するマネジメント制度の導入を

このように考えるならば、マネジメント諸制度には、次の二つのことが求められます。それは、組織メンバーの心理的発達を促進するものであること、そしてまた、これを阻害する要因が排除されていることです。

たとえば、「目標による管理」制度についてはどうでしょうか。

「目標による管理」は、ドラッカーの提唱によるもので、自分の職務上の達成目標を自主設定し、これに基づいて自分の行動を自己管理するということを基本にした管理制度です。ドラッカーは、人間の主体性を信じ、これを尊重する立場から提唱しました。

第一章では、「リピーターの確保」をマネジメント課題として自ら提示し、これに基づいて、リピーター数の増加をプロセス目標として自主的に設定するようなマネジメント行動を例示しました。これは、きわめて他者貢献的な意識から生まれた、しかも純粋に自主的な目標設定行動です。

「目標による管理」制度は、このように、他者貢献的な「主体的当事者の観点」をもって自ら課題を形成し、これに基づく「プロセス目標」を自主的に設定しようとする行動を促進するような運用方法が求められます。

一方、売上げや利益などの経済的成果に関する目標（＝結果目標）は自主設定の原則に馴染

(30) マズロー、前掲邦訳書、上田吉一訳『人間性の最高価値』283ページ、6～7行目

みにくいということも、第一章ですでに触れました。この種の目標は、形骸化したやり方で自主設定を装うよりも、むしろ、公正な議論を通じて、本人と関係者とのあいだに合意が成立しているのかどうかがまず問われるべきです。

また、目標の達成度に対する評価を完全に処遇の決定に直結させるような制度運用は、承認欲求や自己実現欲求を過剰に刺激して、「手段的仕事観」の中に人々を閉じ込める（あるいは引き戻す）結果を招いてしまう恐れがあるので注意を要します。

少し余談になりますが、低次の動物的欲求の場合は、満たされればそれ以上の要求行動を抑制するようなフィードバックシステムが生理的に整えられています（たとえば脳内の満腹中枢は、満腹になれば摂食行動をやめるように身体に指令を出します）。しかし、承認や自己実現などの精神的欲求は、満たされたかどうかを判断するシステムが生理的に用意されているわけではありません。ですから、そこに向けて過剰に刺激が加えられるような環境に置かれれば、私たちは他者からの承認や自己実現を過剰に求める状態に追いやられてしまう恐れがあります。

この状態では、承認や自己実現の欲求と、私たちの意識のもう一つの側面である「貢献意識」とのあいだの相互影響関係（図15の〈図B〉を参照）がうまくはたらかなくなってしまいます。

しかし一方では、私たちは、自己超越的な傾向が意識の中心を占める状態にはいまだいたっていないのですから、承認や自己実現欲求が刺激されるようなことがまったくなければ、なかなか意欲が湧かないのも事実です。それどころか、成果に応じた給与や、良好な人間関係もまた、いまだ私たちが求めるところです。

これらを考え合わせたとき、「成長人モデル」に基づくマネジメント諸制度は、各種の欲求へのはたらきかけを完全に排除するのではなく、一方では、各種欲求への過剰なはたらきかけを避ける工夫が必要になります（たとえば、質の高い斬新なプロセス目標の達成状況を評価する際には、未達成の際の減点はなく、達成時の加点のみを行うなどの工夫です）。欲求へのはたらきかけは、私たちの心理的発達を促進するための方便として有効です。それは同時に、方便の域を越えるものであってはならないということでもあります。

いずれにしても、すべての人間が満足できる完全なマネジメントシステムというものはありえません。私たちは、どのような外的条件の中にあっても、仕事がもつ貢献的側面を見失わずに、真摯《しんし》な職業生活を送りたいものです。

組織と個人の真の統合

「組織と個人の統合」ということが言われます。

組織が業績を上げ、そこで働く個人が自己実現する（＝狭義の自己実現欲求を充足する）、そのような意味でこのフレーズが用いられることが多いようです。しかし、これはけっして統合ではありません。

組織は人を使って業績を上げ、人は組織を使って自己実現する、このような相互に道具的（＝手段的）であるような関係は、統合ではなく、利害関係の一致です。

真の統合とは、両者が共通の最終目的をもつことです。それは、両者を含むところの社会に対する貢献です。つまり、第一章の図11で見た公共的組織観に基づく両者の関係こそが真の統合です。

公共的組織観は、自己超越的な世界観を前提としていますが、そこに向けての発達過程にある私たちにとっても十分に納得できる図式です。

私たちの意識は自己超越レベルに向けての発達過程にあるといっても、意識が１００パーセントそのような状態で占められているような究極の発達段階があって、私たちはその次元に向かう途上にある、などということではありません。

むしろ、図15の〈図B〉に示されたモデルのように、少なくとも私たちの意識の中では、「貢献意識」の部分がすでに何がしかの割合で育っています。そして私たちは、自覚のもち方しだいで、それに基づく認識（＝ものの見方）や行動の頻度を高めて、これを習慣化していくことができます。

これが「成長人モデル」という人間観です。

この章のまとめ

マズローは、五つの欲求段階と、それを超えた「自己超越」という高次の意識段階によって、私たちの意識の発達（＝成長）過程をモデル化しました。

私たちにとってこのモデルは、自己形成の直接の指針になります。

最高次の意識段階である「自己超越」の次元は、固定的な自己感覚から自由であり、他者貢献的傾向を含むことが特徴です。

第一章で学んだ「主体的当事者の観点」の背景には、この意識状態があります。

しかし、これは意識に占めるウエイトの問題であって、私たちは共通に、自覚的な努力によってそれを高めていくことができる潜在能力を備えています。

組織や社会は、これを促進する環境を整えることが必要です。

一方、ソーシャルスタイル理論は、自己の個性を振り返り、また他者の個性を尊重するためのヒントになります。絶対的な尺度であるという誤解にさえ陥らなければ、これも他者貢献的な自己を形成するためのヒントになります。

第二章

科学、言語、そして日本的思索

前の章では、自己形成のヒントになる人文・社会科学の理論をいくつか紹介しました。また、個別の理論に限らず、科学的な知恵の方法は、日常生活における知恵のモデルでもあります。

そこで本章では、科学の営みや、そこから生まれる理論とはどのような性質をもった知恵なのかについて考えます。それは知れば、もっと適切に、これらを実生活に取り入れていくことができるからです。

そして、本章における二番目のテーマは言語です。

理論的な思考は、言語によって成り立っています。また言語は、私たちが日常生活を送る上での重要なツールです。実は、私たちがもっている「自己」という感覚も、「自己」という概念（＝ことば）の影響を大きく受けています。

言語はあまりにも身近な存在なので、あらためて「とは何か」と問うようなことはありません。しかし、あえてこれを問い、その本来の姿を見極めることによって、言語に対する接し方や、あるいは「自己」という概念とのつき合い方を知ることができます。

さらに本章では、東洋的、日本的な思索を取り上げます。そこには、言語や自己概念について考えてみるためのヒントだけではなく、私たちのあらゆる種類の知恵について、もう一度あらためて考えてみるためのヒントが散りばめられています。

第1節

科学理論の性質

私たちの日常の認識は科学的認識に準拠している

私たちは第一章で、マネジメント課題の形成は「日常の認識」を通して行われるということを学びました。

「日常の認識」というのは、生活の中で直面するさまざまな「事象」に対する当事者としての「意味解釈」です。このとき、私たちは、完全にではないにせよ、固定観念から離れて、できるだけ正しく事象をとらえよう、そしてできるだけ論理的に意味解釈しようと心がけています。

この心がけをさらに徹底したのが、「科学的認識」です。

つまり、科学的認識というのは、正確に事象をとらえ、論理的に意味解釈するという特徴をもった知恵の方法であって、現代の私たちの日常生活における知恵は、この方法に準拠したものになっています。

その意味で、科学的認識は、日常の認識のいわば雛形です。同時に、科学的認識の成果は、私たちの生活の隅々にまで深く入り込んでいます。

これを考えたとき、科学とはどういう営みなのか、あるいは科学的営みから生まれた科学理論とはどのようなものなのか。細かい話は抜きにしても、あらかたのところは知っておきたいものです。

それによって私たちは、科学的な知恵の方法を正しく雛形として用い、また、科学理論を正しく生活の中に取り入れることができます。

反論のリスクに晒《さら》されてこそいい理論

たとえば、マネジメント課題は意味解釈から生まれた仮説であるだけに、関係者との弁証法的な（＝否定や反論を想定した）やりとりが必要になるということを第一章で学びました。

実は、科学においても、これはまったく同様です。

科学の営みもまた、多かれ少なかれ、意味解釈の要素が入り込んでいます。

とくに人文・社会科学の場合は、その要素が色濃く入っていますし、また意外にも、科学的認識の中のさらにその雛形であるとされる物理学も同様です。

研究者は、観察した事実に対する意味解釈に基づいて仮説を立て、これを論文として発表します。論文発表は、自分の説を研究者集団の前に晒《さら》して、弁証法的な指摘を引き起こすための手続きです。そして、論理的な矛盾が指摘されたり、あるいは、その仮説に対抗するよりよい仮説が現れたりしない限り、それは理論として成立するのです。

つまり、科学理論は、反論を受けるリスクに晒《さら》されてこそ、その妥当性が高まります。科学の世界でさえそうなのですから、実務家は、おおいに自分の考えを仮説として提唱すればいい。組織変革のためには、むしろそれを責任としてとらえるべきでしょう。

ただし、仮説を提唱する果敢《かかん》さは、一方では「仮説にすぎない」という謙虚さを伴ってこそ、適切な議論を導くことができます。

いずれにしても、マネジメントに限らず、すべての実生活において質の高い仮説を立てようとするときには、科学的な思考方法の中にそのヒントがいっぱいあります。

重力を見た人はいない

科学理論は、意味解釈に基づく仮説である。これはなかなかピンとくる話ではないのですが、こんな例はどうでしょう。

私たちは、物が落下するのを見ることができます。それから、物を持てば重さを感じます。あるいは、惑星の運行の様子を目で確認することができます（今も、西の空には金星——宵の明星です——と木星が隣り合って見えています。東の空には、赤みを帯びた光を放つ火星が見えています）。

五感によって確認できるこれらの事象は、いずれも「重力」を要因とする、あるいは「重力」が関係する現象として、一つの文脈つまり説明体系の中に収まります。私たちは、「重力」という概念を介して、これらの諸事象を関連づけて説明することができるのです。

しかし、肝心の「重力」そのものは、私たちの五感で観察できるものではありません。それは何らかの物理的作用に違いないのですが、「重力」を見た人、「重力」を持った人はいません。しかし「重力」というものの存在を想定すれば、私たちが五感でキャッチできる多くの現象やその関係が矛盾なくきれいに説明できるのです。

「重力」の存在そのものはだれも直接証明できないけれども、ある性質をもったはたらきを想定してこれを「重力」と名づけ、そのようなものが存在することを示唆する現象――それがものの落下であり、重さであり、惑星の運行です――を観察して、これを状況証拠とする。そのようにして組み立てられた説明に対して、矛盾が指摘されることなく、あるいはそれに優る説明が現れないならば、その説明は一つの理論として成り立つのです。(1)

人の内面は見えないけれど

これは自然科学の例ですが、人文・社会科学の場合はどうでしょう。

私たちは、人間の行動やふるまいを観察することはできますが、そのとき内面で起きていることは観察できません。

マズローは、人々の行動やふるまいを観察することを通して、その背後にある私たちの意識とその発達を、五種類の欲求と自己超越の概念を要素として説明しました。しかしその説明は一つの解釈であって、それらは私たちの五感で確認できるものではありません。

実際に、「マズロー理論はほんとうに理論ですか、それとも仮説ですか？」という質問を受けたことがありますが、これは当然に生まれる疑問です。しかし、そもそも理論とは、いまだによりよい説明に取って代わられていない仮説の体系です。したがって、自然科学であれ、人文・社会科学であれ、理論というものは基本的には仮説なのです。

ちなみに、本書でも何度か登場しているマックス・ヴェーバーは、社会科学は人々の主観を解釈するという方法によって行われるものであるとして、自ら立ち上げた社会学を「理解社会学」と名づけています。もちろんその解釈は矛盾なく論理的に行われることが必要で、恣意性が排除されていなければ、指摘の的になります。

(1) ちなみに、現代の物理学では、重力は空間のひずみが波動となって伝わる現象として説明されますし、同時に、粒子（グラビトンと名づけられています）のはたらきとしても説明されます。
重力が波動や粒子としての性質をもつなどということはイメージすることもできませんが、多次元宇宙論が現在の物理学の世界ではすでに当然の帰結となっていることをはじめ、実在の世界は、私たちの感覚器官による観測をはるかに超えたものであるだけに、私たちには想像すらできない実態を有しているようです。

科学の世界においては、そこに解釈の客観性を確保するための歯止めがあります。

このように考えると、実務家の「本音」もまた理論化の対象となりえます。

たとえば第一章で紹介した「主体的当事者の観点」と「非主体的（依存的）当事者の観点」は、本音を類型化した一つの理念型です。

科学理論は仮説の体系

「理論」というのは、文字通り、「理」（＝ことわり）、つまり普遍的な原理や法則について論じたものですが、現代においては、多くの場合、「科学理論」のことを指します。

科学というのは、観察や実験によって妥当性を確かめながら、世界の規則性、つまり普遍的な原理や法則を語ろうとする営みです。

しかし、科学理論は、どこまでも純粋に客観性がある——私たちは素朴にそのように考えていますが——というものではなく、実は、これもまた仮説の体系です。

というのは、観察や実験が、対象をあるがままの姿でとらえることができるとは限らないからです。

それは、なぜか。

それは、私たちの「感覚装置」、つまり目や耳などの感覚器官（＝五官）と、そこから入ってくる情報を処理する神経系――もちろん脳を含みます――は、対象をありのままとらえることができるようにはできていないからです。

これを最初に問題にしたのが、哲学者のカントです。[2] カントによれば、対象自体と、私たちに見えているものとはまったく違う。そして私たちは、見えているものについてしか正しく語れないのです。

さらに、カント以降、生物進化の研究や人間の生理の研究が進むにつれて、私たちの感覚装置もまた、生物として生きるために必要なしかたで進化してきたにすぎないということが冷静に語られるようになりました。

私たちの感覚装置は、事実を客観的にとらえることができるようには進化してこなかったし、またそのような進化は生物として不可能なことです。

光という概念も見る側の事情によるもの

たとえば私たちの視覚装置（＝目や視神経）は、光をとらえることができます。

しかし、「光」というのは、さまざまな波長をもついく種類もの電磁波の中で、たまたま私

（２）イマヌエル・カント（I.Kant，１７２４〜１８０４）。ドイツ観念論哲学の祖とされています。

たちの視覚装置がキャッチできる波長の範囲に収まるもののことです。

ですから、「光」という概念自体、見る側のかってな事情によって生まれたもので、自然界の方には光と光以外の境界などはありません。

「紫外線」ということばも、「もうちょっと波長が長ければ、私たち人間の目に触れられることができたのに、惜しかったね」と言っているようなもので、人間の事情でかってに「紫」（これは光です）と区別されてしまった紫外線にとっては、実に大きなお世話です。逆に、もうちょっと波長が短ければ、「赤」（これも光です）と区別されずにすんだのが「赤外線」です。

このように、何かを見るということ自体、すでに見る側の事情に影響されてしまっています。ですから、私たちは、視覚装置のつくりが異なるほかの動物種――たとえばイヌやネコという身近な動物であっても――とは違う世界を見ているのです。

光が電磁波の一つであること、まして、それが同時に粒子でもあるなどということを、私たちの視覚やこれを補助する観測装置によって直接とらえることはできません。

しかし、私たちは、五感（＝目や耳などの五官のはたらき）[3]や観測装置によって直接確認できるいくつもの事象を状況証拠とした推論を立てることはできます。

つまり、そう考えることによって、私たちが目や耳で確かめることができる多くのことがらを矛盾なく説明することができるならば、そう考えることにしましょう、という合意を成立させようとする努力が科学の営みです。

正しい事象の把握と自己矛盾のない説明

このように、科学的認識の実態は、一つの「意味解釈」です。

私たちが行う観察や実験は、私たちの五感、あるいはこれを助ける観測装置によってとらえることができる事象を確認することしかできません。しかし、それに基づいて、私たちは、五感や観測装置ではとらえることができない実在の世界（ほんとうの意味での事実の世界です）は実はこれこれのようになっているのではないか、という推論を立てることはできます。反対に、実在の世界がこれこれこのようなものならば、私たちの五感や観測装置はこのような現象が起きるのを観察することができるはずだ、という推論を立てることができます。

そして、観察や実験の結果が推論どおりのものであるならば、その推論はとりあえず証明されたということになります。

しかし、推論というのは一つの解釈ですから、仮に観察や実験が推論どおりの結果を示した

(3)　感覚器官を言うときは「五官」、そのはたらきや、それによって生じる感覚を言うときは「五感」と書き分けるのが一般的です。

としても、ほかの推論が成り立つ余地が完全に排除されたことにはなりません。

ですから、科学理論というのは、「いまだによりよい説明（＝推論／解釈）に取って代わられていない仮説の体系」なのです。

ただしこのとき、事象の見誤りや捏造《ねつぞう》があってはなりません。説明の中に自己矛盾があってもだめです。また、できるだけほかの解釈の可能性が吟味され、比較検討がなされていなければなりません。

そして、お互いに指摘したり協力したりして、仮説を磨き合うために研究者の社会があるのです。これによって、科学的推論はその精緻さを高めることができます。とくに物理学などの自然科学の世界における推論の精緻さには、驚くべきものがあります。

科学的方法に準拠した実生活の知恵の例

マネジメント課題の形成に限らず、実生活におけるさまざまな営みの中には、科学における思考方法に準拠したものがいっぱいあります。

たとえば、犯罪捜査における犯人特定のプロセスです。

このプロセスにおいては、個々の事象――つまりいくつかの証拠です――を関連づける説明がもっともよくできる場合に、妥当性の高い犯人像が浮かび上がります。

ただしこのとき、自白の強要や物的証拠のでっち上げなど、証拠そのものを意図的につくり上げることはとんでもないことです。また、事象の見誤りも許されません。しかし、犯人の特定プロセスそのものは、やはり諸事象に対する解釈（＝文脈形成）を通した仮説づくりでしかありません。ですから、ほかの解釈の可能性がないかを慎重に議論する手続きが必要になります。そのための弁証法的なやりとりが行われる場が、裁判です。

そして現在も、事実誤認や解釈の誤りを防ぐ司法手続き上の工夫について、その必要性が議論の的になっています。

第2節

言語の性質

言語と正しくつき合っていくために

私たちは、生まれてもの心がついていく時期に、多くのことばとその使い方を覚えます。それはその後も続くわけで、気がついてみれば、私たちの思考はことばを離れては成り立たなくなるまでにいたっています。

それは、科学的な世界においても、日常の世界においても同様です。暗黙知といえども、完全に言語の影響を受けていない思考というものはほとんどありません。

言語は、思考のための重要な道具です。言語なくして、論理的な思考は成り立ちません。

しかし、言語は、純粋に客観的な思考のための道具かというとそうではありません。逆に、言語による思考が固定観念を生み、ものの見かたをゆがめることがあります。また、斬新で創造的な発想に基づく仮説づくりを妨げることもあります。

ですから、私たちは、言語というものの性質をよく知って、これに正しく接していかなければなりません。

そこで、言語とは何かをあらためて考えてみることにしましょう。

言語の起こり

一つひとつのことばは、どのようにして成立していくのかをまず考えてみましょう。原始的なものではなく、今の時代の私たちが考える言語の機能を備えたものがいつごろ成立したのか。これを特定するのはなかなか難しいようですが、少なくとも今から数万年以前に遡ることはできるようです。

時期の特定の問題はともかくとして、一つひとつのことばが成立していく様子をシミュレーションすれば、以下のようになります。

たとえば、ある人が、大地の上を歩いているとします。そうしたところ、何かサラサラと流れるものが目の前に現れます。「川」ということばを知っている私たちが見れば、もちろんそれは「川」なのですが、まだそうした呼び名はありません。

この人は、大地を歩くのとは少し勝手が違いますが、なんとかこれを歩いて渡ります。またその先を歩いていると、細かい点は異なるのですが、前に出会ったあのサラサラと何かが流れていた場所と似た光景が現れます。これを繰り返しているうちに、そういうものは一般的にあるのだ、だからきっとこれからもたびたび出合うはずだと考えます。

それならば、こういう種類の場所を、ふつうの大地と区別して頭の中で整理しておきたいと考えるようになります。ある対象をほかと区別して、それに名まえをつけようとする動機はこのようにして生まれます。

この人は、これに「カワ」という名をつけました（これは説明を単純化するためのフィクションです。実際には、「カワ」ということばは、長い年月をかけた音韻変化ののちに誕生したようです）(4)。この人がそれをそのように呼ぶことによって、ほかの人もそうしようとします。そうすれば、そのようなものがあるということを、お互いに伝え合うことができるようになります。

今度は、逆に、それでは「カワ」ではない部分はどう呼べばよいのか、それにも名まえをつけておけばなおさら便利です。そこでたとえば、「ツチ」ということばが生まれます（これも「カワ」同様に、音韻変化の過程を度外視しています）。

あるいは逆に、「ツチ」が先に成立していたと考えた方が自然かも知れません。

いずれにしても、このようにして、世界のさまざまなものに対する名まえが誕生します。

言語は主観の産物

次に、このような場面を想像してください。

今度は、やはりサラサラと何かが流れる場所が目の前に現れたのですが、それは渡るにはあまりにも大きくて深い。この人が、木の船を作ってうまく渡ったかどうかは別にして、名づけという点からは、これをどう処理することが考えられるか。

渡りにくさという点においては、これは今までに「カワ」と名づけたものとはまったく異なります。そこに着目すれば、むしろ今まで「カワ」と名づけてきたものは、「ツチ」と同じように、歩くのにはまったく支障がありません。ですから、両者の区別は意義を失って一括りとなり、名まえも一つでよくなります。そしてむしろ、これらと区別して、目の前の大きな流れに新たな名づけをするという方法が考えられます。

しかし、そこには、やはりこれまでに「カワ」と名づけてきた場所と同じものがサラサラ流れている。そしてそれは、喉の渇きをうるおし、身をきれいにもしてくれる大切なものです。この点に強く関心を寄せれば、渡りにくいかどうかとは関係なく、これを今まで「カワ」と呼んできたグループに含めて、「ツチ」との区別をこれまでどおり継続してもいい。

このように、本来は、何に着目してどのように分類してもいい全体に対して、私たちは自分

（４）朴炳植著『ヤマト言葉語源辞典』ＢＡＮＡＲＹ出版（２００１年）は、「カワ」は、さらに古い時代の「はららまら」（「はら」＝去るの意、「ら」＝状態の意、「まら」＝水の意）ということばが音韻変化したものと説明しています。この辞典によれば、日本語の単語の原型は、「はら」「まら」「ら」の三つの音の要素の数と組み合わせに還元できるようです。

の興味や関心によって線引きをします。そして、そのように小分けした一つひとつのカテゴリーに名まえをつけます。この名まえが「ことば」であり、名まえとセットになった一つひとつのカテゴリーが「概念」です。

「川」は、私たちがそのように名づけて、一つの概念とする以前は、「川」でも何でもないのです。

このように、ことばというものは、人々の興味や関心、つまり主観によるものごとの分類によって成立していくものです。

文化の違いによる概念体系の違い

そして、あることばが死語にもならずに使われ続けるということは、人々は共通にその分類のしかたに意義を見出しているからであって、つまりは、その分け方、名づけ方が共通の主観となっているということを意味します。

これは、「ことば」そして「概念」というものがもつ本来の機能です。

いろいろな人が、自分自身の興味関心でかってにものごとを線引きして分類し、それぞれのカテゴリーにかってに名まえをつけたのでは、世界に対する共通認識が成り立たないし、会話もできない。ですから、共通の分け方、共通の名まえ、つまり固定された世界の見かたが共同生活にとっては必要なのです。

ただし、それぞれの社会によって、ものごとの分け方や名づけ方に違いがあります。日本語には、「湯」ということば、つまり概念があります。「水」の温度が高いものを指しますが、それを「水」と区別して、「湯」という一つの概念を用意するぐらい、日本の文化はこれを大切に思っているということです。

英語では、これを言いたいときには、hot water と言うようですが、それは「水」の熱いものであって、「水」と区別して別の名まえを与えるほどの特別な思いは、日本文化の場合ほどもってはいないということです。

あるいは、日本語には「兄」「弟」ということばがありますが、英語では、両方を含めた brother ということばしかありません。どうしても年の上下を表現したいときは、前に elder や younger をつければいいのです。これも、年の上下に応じて二つもことばを用意するほど、日本文化が年齢を重視していることを示しています。

英語には apologize ということばがありますが、辞書を引くと、①陳謝する、②弁解するなどという意味が出てきます。日本の文化ならば正反対の位置にあるはずのこの二つの概念が、英語の場合には区別のない一つの概念なのです。英語圏の文化においては、弁によって解する、つまりことばをつくして説明することが、大切な陳謝の方法だからです。

このように、文化や価値観の違いによって概念体系（＝言語体系）が違ってきますし、また概念体系（＝言語体系）の違いが、文化や価値観に影響を与えます。

人の交流がグローバルになった現代では、それぞれ異なる概念体系（＝言語体系）をもつ者どうしが、共通の課題に取り組まなければならないケースが多くなってきています。お互いの概念体系（＝言語体系）を学び合い、それぞれの文化や価値観を尊重しつつこの状況に対処していくことが必要です。

既成の概念体系にとらわれない努力

ちなみに、「概念」は、名詞、動詞、形容詞などの「単語」に、一対一で対応します。「川」の例で、名詞についてはわかってもらえたと思いますが、動詞など、ほかの品詞についても同様です。

たとえば私たちは、「歩く」という単語、つまり概念をもっています。これは、その動作が、「走る」「座る」などとは違うからです。ただし、足を互い違いにして前に進むという点では、「歩く」も「走る」も同じです。ですから、そのスピードが速かろうが遅かろうが、そんなことにはまったく興味関心がないのんびりした人たちの社会では、両者の区別はまったく不要ですから、これを一括《ひとくく》りにした単語（＝概念）だけですんでいるかも知れません。

このように、名詞であれ動詞であれ、言語はけっして、ものごとを客観的にありのまま語るための道具ではないということです。言語は、私たちの、あるいはだれかの興味、関心によるものごとの切り分けとネーミングによって生まれたものです。

ですから、場合によっては、ものごとの新たな切り分け方とネーミング、つまり造語を伴うような斬新なものの見かたをしてもいいし、既存のことばに新たな意味を与えて用いるようなことがあってもいいということです。もちろん、周囲への説明の負担は増しますが、それが公共の利益につながるならば、その負担を引き受けてでも、斬新な発想に基づく意見の提示をしたいものです。

既成の概念体系（＝言語体系）に頼り切った思考は固定観念を生み、当事者感覚に溢《あふ》れた独自のものの見かたを阻害してしまいます。第一章で見た「第三者の観点」（53ページ）は、その典型的なケースです。[5]

（5）「概念」が単語に対応するのに対して、「観念」は「文」に対応します。つまり「何々は何とかだ」というのが観念です。「文」は、単語とは違って、主語と述語を含みます。たとえば、「山は高い」、これは「文」ですから、それの言っていることは「観念」に該当します。ですから、必ずしも高くない山もあるからなと注意喚起したいときに、「固定観念」をもってはいけないという言い方をします。これに対して、「固定概念」という表現はあまり意味がありません。「概念」というのは、「川」の例でもわかるように、ものの見かたを固定するために生まれたものであり、それがそもそも「概念」の機能だからです。ですから、そのような概念にとらわれた思考から脱しなければならないという意味のことを言う場合には、「既成概念」にとらわれてはいけないという言い方がより適切です。「既成概念」にとらわれれば、当然、「固定観念」が生まれます。

コードとコンテクスト

さて、この章で言語について考える最後に、日常の言語使用について考えてみることにしましょう。

私たちが言語を介して、お互いの意思を伝え合うことができるのは、その使い方のルールを共有しているからです。

たとえば、このことばはこういうことを意味するという決め事、つまり定義です。

しかし、ことばの意味を決めるのは定義ばかりではありません。話し手と聞き手が共通に置かれた状況や社会通念、あるいは話の全体、つまり文脈が、個々のことばの意味を決めることがあります。

前者つまり定義のような固い決め事を「コード」、そして後者のような、自然発生的で暗黙的な申し合わせのことを「コンテクスト（＝文脈）」といいます(6)。

たとえば、「人は動物と違って……」と相手が言ったとき、この場合の「動物」は、「人」を除いたほかの種類のことを指していることは文脈から明らかです。ですから、これに対して、「人も動物だ」と主張して、相手のことば使いの間違いを指摘するのはナンセンスです。

「燃えないゴミ」として例示されているものを見ると、たいがいは燃やそうと思えば燃えます。

しかし、そこは環境のことを考えて、燃やそうなどと思ってはいけない。これがこの場合の「燃えない」の意味です。

あるいは、「たばこ吸っていいですか」と断って了解を得たならば、その人はたばこを吸います。吸ったら煙を吐きますが、これに対して「だれが吐いていいと言った!?」と文句を言う人はいません。

これらは、コンテクスト重視の会話の例です。この場合、個々のことばが文脈全体の意味を決めるのはもちろんですが、同時に文脈全体が個々のことばの意味を決める。そういう循環的な関係が成り立っています。

私たちは、会話の内容によって、コードとコンテクストのウエイトに変化をつけていかなければなりません。

たとえば、専門業務や日常の繰り返し業務の中では、コードを重視した会話が必要です。厳密な学術研究の世界においてもそうです（ただし、コードもけっして普遍的かつ不変のものではありません）。

（6）記号論の創始者と言われるソシュール（フェルディナンド・ソシュール、F.Saussure, 1857～1913、スイスの言語学者）は、言語の社会的側面、つまり文法などによって規定された言語の性格をラング、これに対して、日常の会話におけるような、言語のもつ自由で個人的な側面をパロールと呼びました。これは、ほぼ、コードとコンテクストの関係と一致します。

反対に、斬新な発想によって新たな職場課題を形成しようとするときの議論や、だれかの斬新な意見をみんなで吟味しようとするような議論の場においては、必ずしも定義されたとおりの方法でことばが使用されるわけではありません。あるいは、誰かの悩みや要望を聴くような場面においても同様です。このようなときには、会話の参加者はコンテクスト重視の姿勢をとらなければなりません。

唯一絶対の定義はない

私たちは、いつにおいてもコード重視のコミュニケーションをとろうとしたり、ことばには唯一絶対の定義があると思い込んでしまったりしないように注意することが必要です。

ここで一つのエピソードを紹介して、「定義」という作業の性質について少し考えてみることにします。

著者が講義の中で「課題」ということばを使ったとき、ある受講者から「課題」ということばの定義を求められたことがあります。著者は、「取り組むべきことがら」という意味で受け止めてもらえばいいと回答して了解が得られました。

この場合、「課題」が被定義項、そして「取り組むべきことがら」が定義項ということになります。しかし、「課題」という被定義項をほんとうに定義しようと思えば、今度は、定義項である「取り組むべきことがら」に含まれていることば、つまり「取り組む」「べき」「ことがら」のそれぞれを被定義項として、それぞれに定義を施していかなければならなくなります。そしてまた、それぞれの定義項を構成することばが被定義項となり、これを繰り返すことになります。そして最後は「課題」ということばに戻ってしまって、循環するしかないのです。ことばというのはこのように、それぞれがお互いに意味を支え合う関係にあります。

しかし現実には、このとき「取り組む」「べき」「ことがら」の定義を求められることはありませんでした。これはどういうことかと言えば、このとき聴き手の中で、「話し手であるあなたと聴き手である私が、これらのことばを違う意味で用いているとはどうも考えられませんよね」という暗黙的な判断がはたらくからです。つまり、この時点で、これ以上定義を問い続けることは意味がないという判断がはたらくわけです。

つまり私たちは、ことばの定義をどこまでも完全に行うということはできない。会話する者どうしが、どこかで暗黙的な合意をするしかないのです。

そしてこのとき、聴き手は、できるだけ話し手の話全体に耳を傾ける必要があります。

相手の話全体の中からあることばだけを取り出して、これを自分のことばの体系にはめ込もうとしてもうまく収まりません。ほんとうに相手の話を聴くというのは、相手のことばの体系すべてを、いったんまるごと受け入れることです。

第3節

東洋と日本の哲学に見る言語観と自己概念

即非の論理

東洋の哲学では、古来、言語に対して深い思索が向けられてきました。また、これに関連して、「我（＝自己）」という概念に対しても、独自の思索が見られます。

その中の一つを紹介しましょう。

鈴木大拙《だいせつ》という仏教研究者がいます(7)。明治、大正、昭和と、長い年月にわたって研究活動を続け、アメリカにも渡って、禅をはじめとする仏教思想を西洋社会に紹介した人です。マズローも、鈴木の研究から大きな影響を受けています。

鈴木は、般若経典――一般にも人気が高い『般若心経』もそこに含まれます――の一部をなす『金剛経』（『金剛般若経』とも呼ばれます(8)）の中に繰り返し登場する次の構文に、仏教的論理の真髄を見出します。

それは、「Aは即《すなわ》ちAに非《あら》ず、ゆえに是《これ》をAと名づく」というものです。

たとえば、「般若波羅蜜、即非般若波羅蜜、是名般若波羅蜜」はその一つです。

第一章でも一度紹介しました（84ページ）が、ここでは、もう少しだけ深く検討してみることにしましょう。

「AはAでない。ゆえにこれをAと呼ぶ」つまり「AはAでないからAである」ということの不可解な文は、いったいどういうことを意味するのでしょうか。

「A」のところに、「木」を入れて考えてみましょう。

そうすると「木は木でない、ゆえに木である」ということになります。

これまでに学んだように、私たちは自分自身の感覚器官と興味関心を通してものごとをとらえ、区別し、これに名づけを行います。概念とその呼び名であることばは、そのようにして生まれます。

「カワ（川）」を例に、ことばの成立過程についてすでに考えましたが、概念とその呼び名であることばは、私たち認識主体、つまり見る側の事情によって決まります。

ですから、私たちから「木」と呼ばれる対象の側は、実は「木」でも何でもないのです。

（7）鈴木大拙（1870〜1966）。著作は、『鈴木大拙全集　増補新版』全40巻、岩波書店（1999年〜2003年）に収められています。ほかにもいくつかの全集があり、また、個々の著作は単行本や文庫本にもなっています。

（8）西暦150年から200年ごろに成立したと考えられる大乗仏教経典です。中村元、紀野一義訳註『般若心経・金剛般若経』岩波文庫（1960年）に、漢訳文の全文が収められています。

この「何でもない」というのがポイントです。何でもないから、「木」と呼ばれることも可能なのです。これが「木」以外のほかの何かであったら、私たちはそれを無理やり「木」であるとは言えません。

ですから、「AはAでない、ゆえにAである」というのは、「AはAでもなければ、ほかの何でもない。つまりそれはBでもCでもない。だからそれをAと呼ぶことが可能なのだ」ということを意味しています。

いわばAは、私たちがそれをAと見る限りにおいてAなのです。

鈴木大拙は、この論理を、「即非《そくひ》の論理」と呼んでいます。

人工物もまた同様です。

机は、はたして机か。

実は、作った人がそう思って作ろうが、使う人がそう思って使おうが、その対象そのものは机でも何でもありません。たとえば、それは見方によってはさまざまな形や長さの木片の組み合わせであり、あるいはまた、さまざまな種類の分子の結合です。しかし、作った人、使う人、見る人が机だと思う限りにおいて、それは机なのです（ですから、宇宙人やネコにとっては机ではなく、何か別のものです）。

そしてこれは、「木」や「机」だけではなく、「世界」全体について言えることです。

ところが私たちは、木を見れば、もう最初からそれは木でしかないと思ってしまう。実はそれは、「木」ということばがあるからです。

私たちは世界を、私たちの五感によってキャッチし、私たちの関心によって区分し、そして名づけたもの――つまりそれが「概念」です――の集合として見てしまっています。つまり私たちは、実在世界をありのまま見ているのではなく、見る側である私たちの事情を通して見ているのです。

私たちの「分別」というのはそういうものであって、それは、世界をありのまま客観的にとらえたものではない。私たちは、この事実を知らなければならない。

『金剛経』のこの不思議な構文は、私たちにそのことを知らせています。

実在世界そのものは、私たちが見ているようなものでも、ほかのどの生物が見ているようなものでもない。私たちが「これが世界だ」と思っているものは、実は私たちにとっての一つの見え方にすぎないということです。

そうだとすれば、世界をそのように見ている当の「私」もまた、本来は「私」でも何でもないということになります。

あらためて、「A」のところに「自己」あるいは「私」を入れてみるとこうなります。

「自己は自己でない、ゆえに自己である。」
「私は私でない、ゆえに私である。」

「私」は確かに「私」であるけれど、それは「私」がそうとらえているからであって、実はそれは「私」でも何でもない。だから、それを「私」と見ることもできるということです。

無分別の分別

私たちの分別的な知恵は、ある偏《かたよ》りをもった一つの見方にすぎない。「即非の論理」は、それを示唆しています。

ここから、ほんとうの世界をありのまま知ろうと思えば、むしろ一切の分別から離れなければならないということが導き出されます。

このような、一切の分別から離れた世界観を「空《くう》」といいます。

このとき、「自己」という概念や、そこから生まれる自己意識からも離れなければなりません。

これが「無我」です。「無我」は、「空」の世界観に含まれます。

これら、一切の分別から離れた状態を、「無分別」といいます。

「無分別」ということばは、ふつう「考えが足りない」とか「聞き分けのない」など、好ましくない状態を指して用いられますが、東洋哲学的な意味での「無分別」は、あえて私たちの思考を徹底してゼロベースに戻した基本の状態のことを指します。

しかし、私たちが生活を送るためには、やはり「分別」は必要です。それが日常の知恵であり、また科学的な知恵です。

つまり、いったん真の実在世界が「空」であることを知ったならば、今度はそれをベースとしながらも、現実世界に対応するために「空」から離れることが必要になります。

世界の本質としてただ一つだけ言えること、それが「空」だとすれば、私たちが分別をもって見ている現実世界は「仮」のものです（それは、日常の認識にあっても科学的認識にあっても同様です）。しかし、たとえそうだとしても、その中で精一杯生きなければならないことに変わりはありません。そこで今度は、「空」を知ったことへのこだわりから離れて、分別の世界に戻ってこなければなりません。

「無分別」という知恵（これを「無分別智」といいます）のあり方を知ったなら、再び分別的な知恵（これを「分別智」といいます）の世界に戻ってきたときに、分別がつねに仮のものであることに気づいていますから、こだわりや偏り、あるいは固定観念から離れて、柔軟でバランスのとれた判断ができる状態に近づきます。

このような、「無分別智」を背景とした「分別智」のはたらきのことを、「無分別の分別」といいます。これは、分別的な知恵に対して、「それは仮のものなのだ」という否定の契機（＝はたらきかけ／動因）をいったん差し向けることによって、結果的により妥当な分別智が得られるということを意味します。

木は「木」でないのですが、いろいろなものの見方の中の一つとして、やはり「木」でもあるのです（つまり「木」でないこともないのです）。

「無分別の分別」は、徹底したゼロベースからの再出発です。

もちろん、個々の問題に対して何が正しい判断なのかについては絶対的な基準はありませんので、その都度悩んで、ぎりぎりの判断をしていくしかありませんが、少なくとも自分へのこだわりや、自分に近しいものへのこだわり、あるいは言語に束縛された概念的なものの見かたから自由になれます。

「無分別の分別」から生まれる利他心

現実世界に意識を戻してみたならば、やはり元通りの自分がいて、それはとても大切なものであるということに変わりはありません。しかし、いったん「無分別」の論理を知ったならば、同様に他人が大切であり、世界が大切であることがわかります。そこから生まれる利他的な意識は、「慈悲《じひ》」と呼ばれます。

「慈悲」は、執着に満ちたいわゆる「愛」ではありませんし、「道徳」や「倫理」、あるいは「義務」や「責任」「役割」「使命」などとも異なります。

「慈悲」は、「無分別智」を背景としたものですから、偏《かたよ》りや執着を伴いません。また、利己に走ろうとする自分との戦いや無理なふんばり、あるいは押しつけがましさから離れた自然なものです。無自覚的で気負いがなく、優越感も伴いません（「愛」ということばを使うならば、「博愛」つまり執着や偏りのない、知恵に基づく普遍的な愛です）。

第二章ではソーシャルスタイル理論を紹介しましたが、相手のメリットや全体的利益のためにこの理論を用いるのならば、それは「慈悲」に基づく用い方です。

本来は、人を理論的枠組みによって区別するようなことはできない。つまり、あくまでも「無分別」が基本です。しかし、そのような原則や主義にこだわっていたのでは、相手の利益にも全体的な利益にもならない場合があります。この場合は柔軟に、ソーシャルスタイル理論の枠組みを方便として用いて、相手を理解する努力をしてみる。たとえばこれが、「無分別の分別」から生まれる「慈悲」です。

「分別」が原則であってはいけない。あくまでも、「無分別」が基本です。それを理解した上での分別が「無分別の分別」です。

現実的なケースに重ね合わせれば（その一）

仮に自分の責任感の強さを自覚し、これを公言したくなることがあるとすれば、実はその責任感の背景には、人と違って（あるいは人と比べて）自分はそうだし、またそうでなければならないという強い自己愛、あるいは我執《がしゅう》が往々にしてあります(9)。そして、そうした自己を実現しようとして、処理できないほどのストレスを背負い込む(10)。

このように、私たちの分別の最たるものが「私」という感覚、「私」という概念で、私たちはついこれを、世界の中心に据えてしまう。

第二章の、健康食品メーカーの営業担当者のケース（124ページ）をもう一度もち出しましょう。

プレゼンテーションとクレーム対応の両方を自分一人でできないものかというジレンマに陥ってしまうのは、自己を中心とした状況認識によるものです。しかし、強い自己意識（＝自我への執着）をはずしてみれば、購入者から問い合わせがあるという事態の重要性が再認識され、これを中心にした状況の再構築ができるわけです。そしてそこから、自分の役割が自然に見えてくる。かえって、そこに主体的な自己が現れるわけです。

つまり、見方を変えることによって見え方が変わるのです。

このように、自己への執着から離れた（つまりその分、状況と一体化した）ものの見方が、マズローの言う「対象中心」、あるいは「能動的－受け身的」姿勢、そして本書の言う「主体的当事者の観点」です。

このようなものの見方が、ある状況に直面したときに瞬間的にはたらくようになるには、それが習慣化されていなければなりません。

そして、それを可能にするのが、日常の経験の積み重ねです。

ただし、このとき、認識（＝ものの見方）の自己マネジメントという自覚的な努力が伴っていなければなりません。

現実的なケースに重ね合わせれば（その二）

遡りますが、第一章の老舗《しにせ》洋菓子メーカーのマネジャーの例（37ページ）の場合はどうでしようか。

（9）「我執」は、「自己愛」に相当する仏教用語です。

（10）責任感や貢献意識を高くもつ自己に対して過剰な優越感が芽生え、その反動から、他者を過小評価し、あるいは否定する態度が生まれるケースもあります。この場合、他者貢献的行為も、結局は自己満足のためのものになります。

実は、このケースからも、まったく同じ教訓が引き出せます。

「デパートと当社が同じ売上げ低下率である」という事象の意味を解釈するにあたって、「本部から叱責を受けなくてすむ」というように、自己の損得を中心とした解釈に留めるのか、それとも「顧客に同じおいしさを味わってもらえていない」というように、状況からの要請を解釈に反映させようとするのかによって行動が違ってきます（前者は「非主体的（依存的）当事者の観点」、そして後者は「主体的当事者の観点」に該当します）。

ちなみに、このケースの場合は、それ以前にまず、ただ「4P」という四つの概念に従って状況を整理すれば答えが出るという姿勢――つまり完全に言語に依存した「第三者の観点」です――から離れなければならないという教訓も含まれています。

そしてまた、同じく第一章の中堅リーダーのケース（52ページから61ページ）も、まったく同じ構図で振り返ることができます。

終始ことばにとらわれた「第三者の観点」、自己の感情や欲求にとらわれた「非主体的（依存的）当事者の観点」、そして、ことばや自己へのとらわれがなく、状況と一体化した「主体的当事者の観点」という三種類の観点の中からどれを選ぶかが問われたわけです。

しかし、何をどう考えるにしても、「考える」ということ自体、すでに何かにとらわれた仮の認識でしかありません。ただし、同じ仮のものならば、みんなの役に立つ認識を心がける、そして、考えてもしかたがないことは考えない。

このような心がけをもって日々の体験に臨むことが、認識の自己マネジメントです。

多くの現代人に共通することかと思われますが、たとえば悩み、迷い、あせり、憎しみ、そのようなものに意識が覆《おお》われてしまって、とてもプラス思考に転換できない場合があります。これもすべて、「自己」という概念を立てるところから生じます。この分別を一度ゼロベースに戻して、「自己」という概念を思考の外に置いてみる。そうしたら、もっと役立つことに向けて思考を振り向けていく余裕が生まれてくるかも知れません。

「思考の経済」と言うと何か世知辛《せちがら》い言い方になりますが、私たちは生活する上で、必要でないところから必要なところに向けて、思考のための力の配分を移していくという態度が必要です。そしてまた、思考が必要なところにおいても、つねにゼロベースから考えを起こす習慣を身につけることが必要です。

東洋の哲学、そしてそれを引き継ぐ日本の哲学は、私たちにこのことを気づかせてくれます。

真の実在世界と生活世界

一連の般若経典の一つである『般若心経』の中に、有名な「色即是空《しきそくぜくう》　空即是色《くうそくぜしき》」という一節があります。

「色」というのは、私たちがさまざまな分別をしながら生きている物質的世界つまり生活世界のことを意味することばです。したがって、「色即是空」というのは、それがすなわち「空」である、つまりほんとうのところは分別の届かない世界だということを言っています。

そして、それを知った上で、たとえ仮のものであったとしても、やはり必要な分別をして生活しなければならない。「空」を悟ったからといって、そんな非現実の世界に留まっているのではなく、その理解を前提にして、分別が必要な生活世界を乗り切っていかなければならないと説いています。それが後半の「空即是色」です。

つまらない分別をいったんオールクリアにしてゼロベースに戻せば、新たに有意義な分別――もちろんそれも仮のものです――が立ち現れる可能性が広がるということを、この一節は告げています（この章の内容についてより深く掘り下げたい読者のために、巻末に補章として「より深い理解のために」を設けました。興味ある読者は、ぜひ一読してみてください）。

この章のまとめ

私たちの「日常の認識」は、事実に対する意味解釈であるということを第一章で学びました。そして、それは確かに主観的な意識のはたらきですが、そのようにして生まれる仮説こそ重要であるということも学びました。

本章では、「科学的認識」も、基本的にはこれと同様の性格をもつということを学びました。ですから、私たちは日常生活において、科学の世界同様、固定観念に陥らない努力を払いつつ、おおいに斬新で建設的な仮説を提唱していけばいいのです。

一方、本章では、言語は世界をありのまま語るものではなく、むしろものの見方を固定するために生まれたものであるということを学びました。そして、自己という概念も、その産物です。ですから、固定観念を排除するためには、いったんことばを離れることが必要です。

私たちのあらゆる分別は、いずれも一つの固定観念です。それは、日常の知恵にあっても科学的知恵にあっても同様です。それでも私たちは、それを知った上で、あえて分別をしていかなければなりません。東洋の哲学では、これを「無分別の分別」といいます。それは、すべての思考をいったん無分別に戻した上での新たな分別です。

この原理を知れば、ことばへのとらわれから生まれる固定的な分別や、自己への執着に端を発する偏った分別を離れて、全体のメリットにつながる分別を選ぼうとする自覚的な努力が生まれます。

第四章

現代社会と自己形成

——私たちの社会的役割を考える

本書では、私たちのさまざまな知恵の形態にスポットを当てながら、自己形成について考えてきました。

これを受けて、この最終章では、私たちを取り巻く現代社会の諸相の中から、とくに私たちの自己形成に関わりがあると思われるものをいくつか取り上げ、これに対して私たちがとるべき態度について考えます。

自己形成から社会形成へと一段視野を広げて、最後の議論を展開することにしましょう。

第１節

組織の中での自己形成

組織と個人の関係についてこれまで考えてきたこと

本書では、組織を舞台としたケースや例話が多く登場しました。とくに第一章では、まるごと、組織へのはたらきかけを本来の機能とする「マネジメント」を例にとって、私たちの自己形成を考えました。

それは、実際に多くの人が組織で働き、（自覚の程度に個人差はあれ）組織を自己形成の場としているという現実があるからで、それが現代社会の大きな特徴の一つだからです。
では、組織における自己形成を本書ではどのようにとらえてきたか、復習を兼ねて、これをもう一度、整理しておくことにしましょう。

まず、組織というのは、単独では限りのある個人の能力を編集し、これを社会的要請に結びつけて実際に役立つものとする、そういう機能を担う存在です。ですから、組織と個人は、共通の社会的役割を担うパートナーの関係にあるということになります。

第一章では、こういう見方を「公共的組織観」と呼びました（70ページ）。

また、第二章では、これを「組織と個人の真の統合」と呼びました（166ページ）。組織にとって個人は、収益や利益などの経済的な目標を達成するための道具（＝手段）ではなく、また、個人にとって組織は、自己実現その他の諸欲求を満たすための道具（＝手段）ではないということです。

マズロー風に言うならば、これは「自己超越」的な世界観の一つです。

もちろん、私たちの意識は、マズローが描いたように重層的にできています（図13ないし図14を参照してください）から、組織は金銭獲得の場であり、社会的地位や自己実現を手に入れる場でもあります。しかし一方では、私たちの意識のある部分は自己超越的な傾向で占められていて（図15の〈図B〉では、これを単純化して「貢献意識」と名づけています）、私たちはそのウエイトを高めていく潜在能力を有しています。これが「成長人モデル」という動態的人間観です。

自分の中にあるこの潜在力を可能性のまま留めることなく実際のものとしていくことが、いわゆる人格の形成、つまり本書で言う「自己形成」です。

それは、日々の活動において、折に触れ、自分のものの見方を自己マネジメントすることを通して実践することになります。

たとえば、既成概念つまりことばの枠にとらわれたものの見方（＝第三者の観点）を超えられずに、主体性を放棄してしまったりしていないか。

あるいは、自己の欲求に照らしてものごとを認識する傾向が強すぎるあまり、ものごとが本来もつ意味を見失って的確な判断ができず、かえって自分の主体性を損ねてしまう。そのような傾向（＝非主体的（依存的）当事者の観点）に陥っていないか。

これらを克服して、状況からの要請に耳を傾け、つねに役割を探索する姿勢でものごとに臨もうとしているか（＝主体的当事者の観点）。

このような方式に基づいて試行錯誤を繰り返すことが、自己形成につながります。これについては、第一章から第二章にかけて取り上げたいくつかのケースで実感を得ることができたのではないでしょうか。

それは、私たちのあらゆる分別は仮のものであるということを知って（＝無分別智）、それでも試行錯誤をいとわずに必要な分別をしていく（＝分別智）努力でもあります。

組織という場には、そのための材料が無限に転がっています。

「今、ここ」での役割と中長期的視点からの役割

「つねに役割を探索する姿勢でものごとに臨む」と言うときの「つねに」には、二つの意味があります。

一つは、「今、ここ」での役割をつねに探索しているということです。

つまり、「どの瞬間においても」「どんな状況に遭遇しても」という意味です。

そしてもう一つは、中長期的視点から、自分の能力特性に応じた社会的役割をつねに探索していることです。「キャリア」という概念は、ここから生まれます。

前者については、すでにいくつかのケースで取り上げましたが、後者については、本書ではほとんど扱いません。

ただし、次のような提言だけは行っておこうと思います。

キャリア形成を考えるときに大切なことは、解決されなければならない社会の問題と、自分の能力特性の両者を見極めて、関連づけることです。

その見極めは、基本的には、ある程度の経験をへてのちに得られるものですから、よほど特別な事情がない限り、性急な判断は控えなければなりません。

たとえば、組織からの一方的な要請で転属を重ねるうちに、自分でも気づいていなかった能力に気づくことがあります。また、複数の分野にわたって手に入れた能力の組み合わせが、その人の独自性を表すものとなるケースもあります。

私たちは、キャリア形成という中長期的視点からの役割探索をしながらも、一方では、「今、ここ」における役割探索をおろそかにせず、つねに両者を一つの文脈の中でとらえようとする態度が必要です[1]。

そして、キャリアを、ただ自己実現や自己表現、自己主張の一環として位置づけてしまうことがないように注意しなければなりません[2]。個人のキャリアは、その人の自己満足のためにあるのではなく、社会的要請との関連において意味をもちます。

第2節　自己実現至上主義の克服

知恵の種類を整理すれば

本書では、私たちの自己形成について考える中で、いくつかの知恵の分類が出てきました。ここで一度、これらを整理しておきましょう。

まず第一章では、ポラニーによる「暗黙知」と「形式知」という分類について学びました。これは、本書が最初に提示した「経験的学び」と「ことばによる知恵」という分類にどう対

(1) 本書では、社会からの要請について言うとき、「使命」ということばを使わずに、「役割」ということばを用いています。「使命」ということばには、ある用件を委ねた主体が明確であること、そして、その主体から委ねられた用件もまた明確であること、そうした前提が語の意味に含まれています。たとえば、「店主が私に、この手紙をあなたに渡すように命じた」という場合は、それを実行することは明らかに私の「使命」です。これに対して、「社会」が求めるものが何であるかは、あくまでもそれを解釈しようとする側の分別に基づく仮設ですし、また、そもそも「社会」とはどういう存在かということについても、それを解釈する側の分別による仮の理解です。したがって本書では、より柔軟なニュアンスをもつ「役割」ということばを使っています。

(2) この章で「自己表現」あるいは「自己を表現する」などと言うときには、自己の存在をアピールする、自己を主張するという意味です。「自己表現」ということばは、意思の表明や、あるいは芸術などの創造的な活動を指す場合がありますが、ここでは、直接的にはそれらの意味を含んでいません。

応するのかということですが、これら二つの分類は、ほぼ対応する関係にあると考えていいでしょう[3]。

では、第三章で登場した「無分別智」と「分別智」との関係はどうか。

こちらの方は、もっと単純明快です。

「暗黙知」であろうが「形式知」であろうが、私たちの実生活におけるすべての知恵は「分別智」です。科学的知恵もまた当然にそうです。また、たとえ言語的影響をほとんど受けていない運動技能や職人技も、そこには何らかの分別が含まれています。

私たちは、あらゆる生活場面において、明に暗に、つねに何らかの分別をしているということです。

これに対して「無分別智」というのは、本来、世界はどのような分別の対象でもないということを知った状態のことを指します。これは、私たちが生活場面において直接経験したり用いたりする知恵ではなく、あらゆる生活上の知恵のベースとしてもっておくべき知恵です。

現代社会は自己実現が大きな関心事

ところで、私たちのあらゆる分別の背景には、自覚の有無を問わず、つねに何らかの「関心」というものがあります。

では、現代社会において、多くの人たちが関心を寄せるものは何か。

もちろん、それはいくつも挙げることができますし、個人差もありますが、現代社会を生きる私たちに共通する特徴の一つとして無視できないのは、「自己の存在を主張すること」「自己を表現すること」への関心ではないかと思われます。

「私」とは何か、つまり自己のアイデンティティ（＝独自性／私らしさ）というものを自分で確認したい。しかも自己満足では終わらせたくないので、世の中にも問いたい。

これは、マズローが描く意識のカテゴリーで言えば、「自己実現欲求」に該当します（もちろん狭義のそれです）。

承認欲求の場合は、承認してもらうための評価基準は世の中によってつくられるものです（優越感も、やはり世の中の評価基準に照らしてもつものです）が、ここで言う自己確認や自己主張、自己表現の欲求は、私を見るときの評価基準からして私独自のものでありたいし、また、世の中にもその基準で私を見てもらいたいという思いを伴っています。

これに呼応して、今の社会では、「自己実現」はもとより、「個性」「個の尊重」「こだわり」「自

（3）「暗黙知」といっても、運動技能や職人技と呼ばれる身体的な知恵もあれば、勘や連想など、言語的なロジックがたたみ込まれているものもあります。ですから、どの程度言語の介入を受けているかについては幅があります（身体的な知恵にもことばが介入している場合が多くあります）。そして、自己形成に関わる「経験的な知恵」は、ある程度ロジックがたたみ込まれた「暗黙知」と考えていいでしょう。

分らしさ」「自分探し」などのことばが頻繁に行き来しています。

これらに対する個人個人の関心の強さは、以前に比べて、格段に高まりを見せています。私は自己実現していなければならない存在であるという自己意識、そして、私を取り巻く環境はそのための舞台でなければならないという世界観、これが現代社会を生きる私たちの多くに共通する価値意識ではないでしょうか。

たとえば、この仕事は私に自己実現をもたらすか、この仕事を通して私は自己を表現することができるか。自己の存在を主張できるか。この作業はやりがいがあるか。生活は楽しめているか、今の生活は私らしいか、いきいきとした生活が送れているか。もし、それらが手に入らないならば、何を代替物として、それをどのようにして手に入れるか。

このような価値意識は、若年層を中心に、広く社会一般に見られます。

自己実現至上主義への傾きに注意を

経済的な視点からは、こうした意識は消費拡大につながりますし、生産者側も、これらの価値意識から生まれるニーズを先取りして、これを満たす商品やサービスを提供し、あるいはこれらのニーズを刺激する広告宣伝活動を展開することによって、さらに生活者の自己実現ニーズを高めていくことができます。

また、これが、現代の日本経済を支える大きな力にもなっています。

しかし、もし「自己」へのこだわりに基づくこのような価値意識が突出して、私たち現代人の生き方のベースとなるまでに拡大するようであれば、それは大きな問題です。

たとえば、自己実現を重視する価値意識を前提とした経済活動によって、限りある資源が過剰に使われているようなことはないのか、あるいは地球がもつ自然のサイクルに対して不当な影響が及んだりはしていないか。私たちが自己実現する一方で、いくつもの動物種を絶滅の危機に追いやってはいないか。あるいは、こどもの心理的発達にとっての環境として問題はないのか（これについては、節を改めて考えます）。

私たちは社会的な規模で、この種の議論を行っていかなければなりません。

そして私たちは、一人ひとりが生活者として、そしてまた商品やサービスの開発者、提供者として、つねにこの観点から社会の現状を見極めていく態度が必要です。

各種情報や娯楽を提供するメディアも、このような観点から、提供する情報や企画のコンテンツを考えなければなりませんし、生活者もまた自らのメディア・リテラシー(4)を高めて、メデ

（4）メディア・リテラシーというのは、マス・メディアからの情報など、不特定多数に向けて発せられる情報を、主体性をもって評価し、識別していく能力のことです。テレビ、ラジオ、新聞のニュースや、テレビ、ラジオの娯楽番組、出版物や映画、広告、インターネットなど、多くの情報源から発せられる情報が対象になります。

ィアからの情報の受け止め方を磨いていかなければなりません。

第3節

自己形成から社会形成へ

現代社会はこどもの心理的発達の環境として適切か

こどもは、基本的には、生活空間をおとなとともにしていますので、おとなに向けて発せられるものと同じ種類の情報――たとえばメディアから発せられるものがそうです――に触れることができます。そして、おとな社会が自己実現を重視するものであるならば、それを前提としたおとなたちのあいだの情報は、こどもたちにも行きわたります。

このことは、自己実現が重視される社会的傾向の中に、こどもたちを巻き込んでいくことにつながります。

また、現代社会は、直接こどもに対しても、自己を主張すること、自己を表現することを勧奨する時代です。

こうした環境の下では、こどもは、まだそのための準備が十分に整わないまま、おとなと同じように、自己の存在を主張し、自己を表現しようとします。

しかも、おとな社会から与えられるさまざまな機会を通して、こどもは、おとなのことば使いを覚え、ほぼおとなと対等にやりとりができる自分の存在を感じます。そして、自らを、一人前の自己表現者としてとらえてしまいます。

しかし、マズローの発達論や、ほかの多くの発達心理学の研究に照らせば、こどもには、年齢に応じた心理的な発達段階があり、その順序に沿って、それぞれの段階でその段階なりの葛藤を十分に経験していかなければ、健全な心理的発達が得られないということが明らかに言えます。

こどもには、年齢に応じた自己表現の内容と方法があるのです。

年齢に応じた欲求がときには満たされ、ときには満たされなかったりする中で、こどもは適度に自己を主張し、一方で、適度に環境を受け入れることができるようになります。

この経験の中から、自己理解と他者理解、そして年齢に応じた社会観が形成され、一つの人格を形成していくベースをつくっていくことができます（第二章の図15、とくに〈図B〉のモデルをもう一度参照してください）。

その途上にあるこどもに対して、自己実現への欲求を先取りして呼び起こすような環境を与えることは、こどもの精神的な発達にとってけっして望ましいことではありません。

こうした環境の下では、こどもはおとなと同じように自己実現を求め、ある程度は満たします。そして自己表現や自己主張も、おとな同様にできるようになっているという思い込みをもちます。

しかし、実際には、こどもはまだまだそのレベルには到達していません。それどころか、実年齢に応じた本来の葛藤さえ、完全に処理することができていません。

もちろん、それが当然なのですが、一部のこどもはそうした自分の実態に気づいて、本来はまだ味わう必要がない不全感、あるいは挫折感を味わうことになります。

若年層を中心とした社会問題とおとなの対応

そしてこのことは、若年層に見られるいくつかの社会問題の遠因、もしくは一因になってしまう可能性があります。

たとえば引きこもりがそうであり、心の荒れもまた同様です。

あるいは、過度に自己実現を求める意識は、職業を選ぶ際にも問題を生みます。

たとえば、自己実現できるかどうか、自分らしさが主張できるかどうか、楽しいかどうか、これらが仕事を選ぶにあたって最優先の基準になってしまって、そうした仕事との出会いを待つ傾向が生まれることです。

また、就職しても、求めるそれらが得られずに、短期間のうちに離職する傾向にもつながります（もちろん離職の理由はさまざまですので、そのすべてを同じ文脈で語ろうとするものではありません）。

これらを考えたとき、青少年期を迎える以前のこどもは、実はまだまだこども本来の意識の段階に留まって、それぞれの段階での葛藤をじっくりと重ねていかなければならないということが言えます。

私たちおとなは、まず身近な子どもに対して、おとなと同一視しない態度をとらなければなりません。

こどもは、まだまだ未熟なままでいいし、またそうでなければいけません。

こどものこどもらしさをありのまま受け入れ、あえて、おとなとして扱おうとせず、そしてときには厳しく接することが必要です。

たとえば、学校の授業のよしあしを、まだ自分の意識を自己マネジメントすることができないこどもに評価させるようなことがあってよいのかどうか。

この方法をとるにしても、よほどやり方に注意しなければ、主張を優先して、自分の努力を後回しにする習慣を身につけさせてしまうことになります。自分にとって何か不都合があれば、どこか言って行くところがあるはずだ、そういう思考回路を育てることは絶対に避けなければなりません。

また、学校に向けられる保護者からの要求には、こどもの権利を過剰に主張するものが多く見られるようですが、これも問題です。

おとなは、こどもたち一人ひとりの自己形成に対して、責任ある立場にあるということを自覚しなければなりません。

一方、少子化もまた、現代社会の傾向の一つです。

これを社会問題とみるかどうかは観点の選び方しだいですし、また、その原因についても、個別に見たときにはさまざまなケースがありますので、これを一括して語ることはできません。

ただ、「こどもをもてば自己表現の機会や時間が減る」「自分らしく生きられない」という考えが、こどもをもたない理由の一つにあるという実態については、立ち止まって考えてみなければなりません。

一見して経済的な理由であるかのように見える場合でも、家計支出を見ると、自己表現のための出費はけっして惜しんでいないケースが見られます。

また、職業生活や組織生活のみを社会生活ととらえてしまう傾向があるとすれば、そこにも大きな問題があります。

個人個人の自己形成に適した社会を

社会は、社会を構成するすべての個人に対して、自己主張を奨励する以上に、真摯な態度による社会参加を奨励していくような動きを起こすことが必要です。

たとえば政治に対する世論調査の場合、回答者は無作為抽出という方法によって選ばれます。これは意見の偏《かたよ》りを防ぐためですが、無作為抽出によって選ばれた人たちの中には、選挙に行く習慣がある人とそうでない人が混じっています。後者の人たちは、民主主義政治に参加する義務を果たしていないのですから、もし回答すれば、責任を果たすことなく主張だけを行っていることになります。それを考慮することなく、すべての回答を合算してパーセントを算出することは、社会構成員の心理的発達を促すという観点からすれば、はたして妥当なのか。それでもやはり、無作為抽出によって客観性を確保することの方が優先なのか。

これは、ひじょうに極端な引例による問題提起ではありますが、要は、私たちは個人個人の心理的発達という視点からも、さまざまな社会的営みの意味を考えてみなければならないということです。

私たちの自己形成の営みは、社会形成への参加という実践を通して充実します。

私たちは、それぞれの社会的立場から、真摯にこれを考えなければなりません。

文化を次世代に伝える責任

また、私たちは、ことば――それは社会的なツールであり、私たちの共有財産です――に対して、真摯な態度で接することを次世代に伝えていかなければなりません。

ことばは、私たちが社会生活を送っていく上で必要不可欠な道具です。またそれは、文化という人間だけがもつ営みの重要な一部でもあります。

本書では、ことばがもつ相対的な性格について再三触れてきました。しかし、その本来の性格を知った上で、私たちはこれをていねいに扱い、健全な社会の形成のために役立てていく必要性を自覚しなければなりません。

確かに、ことばの使われ方が時代とともに変化していくのは当然のことです。しかし、たとえそうであっても、私たちは、ことばをていねいに用いる姿勢を次世代に伝えていくことを怠《おこた》ってはなりません。

とくに現代社会が、個々人に対して自由な自己表現や自己主張を強く勧奨するようになってきているということを考えたとき、それとの比較において、一方では、日常の社会生活をていねいに送るということに対する価値意識が低められないように注意しなければなりません。

公共のツールであることばをていねいに用いる努力は、その重要な一環です。

また、メディアの発達によって、ことばの使われ方が変化していくスピードは、これまでとは比較になりません。これもまた、意識してことばをていねいに用いなければならない理由の一つです。

この問題を象徴するのが、「ら抜きことば」です。

五段活用以外の動詞を可能形にするときには「られる」をつけるという文法的ルールがあります。これが無視されて、「見れる」「来れる」「出れる」「食べれる」などの使われ方が広がってきたのは最近のことで、これを「ら抜きことば」と称したものですが、ごく短期間のうちに、「ら抜きことば」ということばも死語になってしまうぐらいに、まるで当然のようにこれらの表現が使われるようになりました(5)。

(5)　五段活用の動詞の場合は、可能を表現するための動詞が別に用意されています。これを「可能動詞」といいます。たとえば、「歩く」に対しては「歩ける」、「飲む」に対しては「飲める」が可能動詞です。
これに対して、「見る」「来る」「出る」「食べる」など、五段活用以外の動詞の場合は、「られる」という助動詞を使って可能形にします。たとえば、「見られる」「来られる」「出られる」「食べられる」などとなります（尊敬や受け身と同じ形になります）。
「ら抜き」の原因としては、「取る」「乗る」「走る」など、ラ行の五段活用の動詞に対応する可能動詞が、「取れる」「乗れる」「走れる」なので、これと混同して、五段活用以外の動詞の場合には必要な「ら」を落としてしまうということが考えられます。
ただし、このような、文法による合理的説明はあくまでも後づけであって、これまでは、日々の生活の中で身につけるべき習慣として、世代から世代へとうまく伝承されてきていました。

あるいは、「すごいいい」「すごいうれしい」「すごい思う」という具合に、「すごく」という副詞が使われない表現が一般的になっています。

確かに、私たちは、本書でも再三触れているように、ことばによって生じる思考の固定化を避けなければなりません。しかし、それとは別次元で、先人たちの感性によって合理的に作り込まれてきたことばのルールには、実用的な意味においても、また文化的な意味においても、守るだけの価値というものがあります。

グローバル化の中で、日本語を学ぶ外国の人が増えています。そうした人たちに対しても、私たちは母国語を正しく使う責任があります。

私たちは、自己表現の前に、自己表現のための公共的なツールであることばの使い方を真摯に学ぶ。社会全体がそうした意識をもつ必要があります。

また、箸の持ち方などの所作についても、同様のことが言えます。

正しい箸の持ち方は、それがムダやムリを生まない合理的な方法であるということに加えて、食事という行為に真摯に臨む姿勢を表現する一つの作法であり、言語的な意味合いが込められています。そしてそれは、日常の生活に欠かせない習慣として、長く伝承されてきた日本文化の重要な一部です。

私たちは、これを次世代に伝承しようとする努力を怠ってきたということを反省しなければなりません。

私たちが育んできた日本文化には、独自の謙虚さが備わっています。その底流には、あらゆる「分別」は「無分別」の上に成り立つという考え方が脈々と流れています。

これを背景としてこそ、私たちの自己表現や自己主張は、適切な社会の形成につながるものとなります。

私たちは、国内でのさまざまな議論に限らず、これからの国際交流の場面においても、私たち独自の主張の方法を大切にしていきたいものです。そして、そこに含まれる独自の謙虚さが、かえって周囲に向けての影響力となる、そういう意思伝達の技術を模索していきたいものです。

グローバル化の中でこそ、私たちは次世代に対して、日本文化を正しく伝承していく責任があることを自覚しなければなりません。

この章のまとめ

社会の一員である私たちには、自己形成への真摯な努力が求められています。それと同時に、社会形成への意欲と積極的な行動もまた期待されるところです。

自己のキャリアを考えるにあたっても、この視点を欠かすことはできません。

現代社会は、私たちの自己意識を刺激する要因であふれていますが、これが、私たちの正常な心理的発達を阻害する結果をもたらすようなことになってはいないか。とくに、こどもの生育環境として、現代の社会状況に問題はないか。

たとえばこのような問題意識をもって、さまざまな社会活動の場に参加していきたいものです。

より深い理解のために

多少のわずらわしさをいとわない

読者のための

一歩踏み込んだ考察

この本では、第三章で、科学の性質と言語の性質について考えました。そしてもう一つ、東洋と日本の哲学にも考察を向けました。

この二つのテーマは、いずれもたいへん奥の深いものですが、第三章での考察は、この本のねらいを満たすために必要な分量に留まっています。

しかし、これらの分野には、私たちの常識や固定観念をくつがえすような興味深い内容が多く含まれているだけに、このあたりのところをもっと深く知りたいと望んでいる読者も少なくないと思います。

そこで、わずかではありますが、第三章の内容に対する補足説明を試みました。関心のある読者は、一読してみてください。

なお、二つのテーマに関するここでの説明は、互いに独立していますので、いずれか興味ある方だけを読んでも差し支えありません。

言語と科学へのより深い考察

理論とは何か、科学理論とは何か

「理論」と言うとき、現代においては、多くの場合、科学的な方法によって構築された「科学理論」のことを指します。

「科学的な方法」というのは、「経験的事実に基づく」ということです。

ここで「経験的」というのは、「目や耳などの感覚器官（＝五官）で確実にとらえることができるような」という意味です。つまり、この場合の「経験」は、日常の経験よりももっと自覚的なもの、つまり「観察」や「実験」のことを指しています。

ですから、「経験的事実」というのは、「観察や実験という方法で実際に確かめることができるような事実」という意味です。そこには、観察や実験によってすでに確かめられた事実だけではなく、観察や実験をすれば確かめられるはずの事実も含まれます。

たとえば、現在の技術では実験できないけれども、実験のための技術さえ開発されれば確認できるはずだという場合や、ほかの事情で未実験であることもあります。

いずれにしても、「科学理論」とは、そういう意味での経験的事実に基づいて構築された、世界の規則性に関する命題の体系です[1]。

「命題」というのは、平叙文《へいじょぶん》（＝ふつうの文）で述べられた言明です。

平叙文というのは、命令文や疑問文、感嘆文などではないふつうの文、つまり、肯定文か否定文のことだと思ってください。

（1）ちなみに、「理論」の二つの文字がひっくり返れば「論理」になりますが、こちらの方は、諸事実の法則ではなく、命題の形式に関する法則を問題とします。
たとえば、命題「A」があるとします（内容はどんなものでもいいのです）。一方で、「AならばBだ」という命題があるとします。そうするとこの場合は、命題「B」が必ず成り立たなければならない。それが「AならばBだ」という命題がもつ意味です。「論理」というのは、そういう意味での法則のことです。

科学の分類

科学には、「応用科学」と「基礎科学」があります。

前者は、特定の価値前提に基づくもの、つまり研究者が自覚する特定の目的や価値（＝あるべき姿）の実現を前提とするものですが、後者の場合はそうした前提はありません。

しかし、後者の場合も、特定の領域への知的好奇心や、知らないことによる不安を排除したいという意識、あるいは何らかの応用への期待など、自覚されていない目的や価値が背景にあることは否めません（その意味では、当面の応用目的がないという言い方がちょうどいいかも知れません）。ですから、明確に二分することはできませんが、大きくは二つの種類があるということです。

また、「自然科学」と「人文・社会科学」という分類方法もあります。前者は自然を扱います。後者は、人間の意識が入り込んだ領域を対象とします（人間の「身体」の研究は自然科学に含まれます）。

これら二つの分類方法を交差させると、表1のようになります。

思い切り単純化すれば、物理学、化学、生物学、生理学は①に、医学、薬学、工学は②に位置づけられます。心理学、社会学、経済学は③に、そ

表1　科学の分類

	自然科学	人文・社会科学
基礎科学 （価値前提や目的が無自覚的）	①基礎自然科学	③基礎（人文）社会科学
応用科学 （価値前提や目的が自覚的）	②応用自然科学	④応用（人文）社会科学

して、経営学、法学、政治学などは④に位置づけられます（ただし応用を目指した心理学、社会学、そして経済学の分野は④に属します）。

さらに別の分類方法として、観察可能な（＝観察や実験で確かめられる）世界を扱うものを「経験科学」、そうでないものを「形式科学」とするものがあります。後者には、数学と論理学が入ります（数は現実のものを数えるのに役立ちますが、数そのものは観察できません）。ただし本書では、そもそも科学は観察可能な世界を扱うものという考えに立っていますので、数学や論理学はむしろ「哲学」に含まれるものと考えます（哲学については後ほど取り上げます）。

応用科学の構造――主観から始まる応用科学

応用科学は基礎科学における研究があってこそ成り立ちますが、私たちは、直接的には応用科学から、生活に役立つさまざまな恩恵を受けています。

そこで、私たち生活者が直接恩恵を受けている応用科学の構造について考えてみます。

図18は、医学や工学、経営学などのすべての応用科学に共通する構造を示したものです。

経営学を例にとって説明しましょう。

左側の「価値前提」というのは、経営学が目指す価値、つまりあるべきだとする状態のことです。たとえば、「個々の企業の利益が極大化することが最重要な価値だ」などというものです。もちろんこれは賛成できるものではありませんが、しばらくはこれを価値前提の例としてみます。

価値前提は、研究者の個人的な価値観、つまり主観によってその内容が決まります。

これに対して、右側の「科学的命題の体系（if-then 構造）」は、どうすればその価値前提が実現するのかについて述べようとする命題の体系です。つまりそれは、「(if) もしこうすれば、(then) そのときにはこうなる」という意味構造をもった文、もしくは文章になっているわけです。[2]

たとえば先ほど示したように、「個々の企業の利益の極大化」を価値前提とするならば、「(if) 企業はこれこれのことをすれば、(then) 利益が極大になる」という意味内容をもった命題の体系が成立していなければなりません。

そしてこの「科学的命題の体系（if-then 構造）」の部分は、観察可能な事実に基づいていなければならない。つまり研究者の個人的な主観が排除されていなければならないのです。

応用科学の客観性は、ここのところにあります。反対の言い方をすれば、応用科学の中心部分は客観性が確保されていることが絶対条件ですが、それは価値前提という主観の上に成り立っているということです。

ですから、経営学の体系は、研究者集団においても実務家集団においても「これしかない！」と認められるものが一つだけあるということではなく、少なくとも価値前提の数だけあるということです。また、同じ価値前提の上に立つものにも、いくつもの if-then の体系があります。

ちなみに、「(if) Aをすれば、(then) Bが実現する」という命題体系は、「(if)

図 18　応用科学の構造

Bを実現したければ、(then) Aをせよ」という命題体系に、そっくりそのまま置き換えることができます。前者は〈原因－結果〉の構造を、後者は〈目的－手段〉の構造をそれぞれもっていますが、意味的にはまったく同じです。

ですから、たとえば経営学は、〈原因－結果〉の関係を淡々と綴る「記述科学」であり、同時に、〈目的－手段〉の関係を教示する「技術学」でもあります。また、ある価値前提の上に成り立つ科学ですから、「規範科学」(＝あるべき論を前提とする科学)としての性質を併せもつものでもあります。

この三つの性質は、すべての応用科学が共通にもつものです。

応用科学のダイナミズム

話を続けます。

仮に、「個々の企業の利益の極大化」を価値前提とする経営学の体系が実務界に受け入れられ、個々の企業がそのやり方に走ったために、多くの従業員が疲弊し、また一方で、自然環境が大きく破壊されたとします。

これではいけないということになって、「個々の企業の利益の極大化」という最初の価値前提は修正され、新たな価値前提が生まれるということが考えられます。たとえばそれは、「社会や自然環境

(2)「if-then 構造」という着想は、ドイツの経営経済学者、シャンツ(G.Schanz)による1975年の著作の邦訳本、森川八洲男、風間信隆訳『現代経営学方法論』白桃書房(1991年)、59ページにある「Wenn-Dann 形式」という表現をヒントにしたものです。

との調和を保ちつつ、メンバーの心理的成長を促進し、これを通じて質の高い顧客満足を創出し続けること」というものかも知れません。そして、これを可能にする科学的命題の体系（if-then 構造）が新たに生まれる。

このように、価値前提と科学的命題の体系（if-then 構造）とは、ダイナミック（＝動的）に影響を与え合う相互循環的な関係にあります。

図19は、その様子を表したものです。

しかも実際には、ただ一つの体系がひとり図19のような循環を繰り返しているのではなく、ほかの多くの体系との間で論争が交わされ、あるいは連携して、一つの科学領域（これを「個別科学」と言います。たとえば「経営学」がそうです）全体が、より精緻で社会に役立つものへと発展していくのです。

また、ほかの科学領域——経営学ならば、心理学や経済学などの近接領域が考えられます——とのあいだでも、このような論争や連携が展開され、結果的に科学の世界全体が進化していくことになります。

もちろんこれは、医学や薬学、工学など、応用科学に属するすべての個別科学について言えることです。

このように、応用科学の場合は、科学といえども、その根底には価値前提という主観があります。もちろん、研究の進展とともに私たちの知識も増えていきますから、価値前提の方も少しずつ客観性の度合いを増していきます。しかし私た

図19　応用科学のダイナミズム

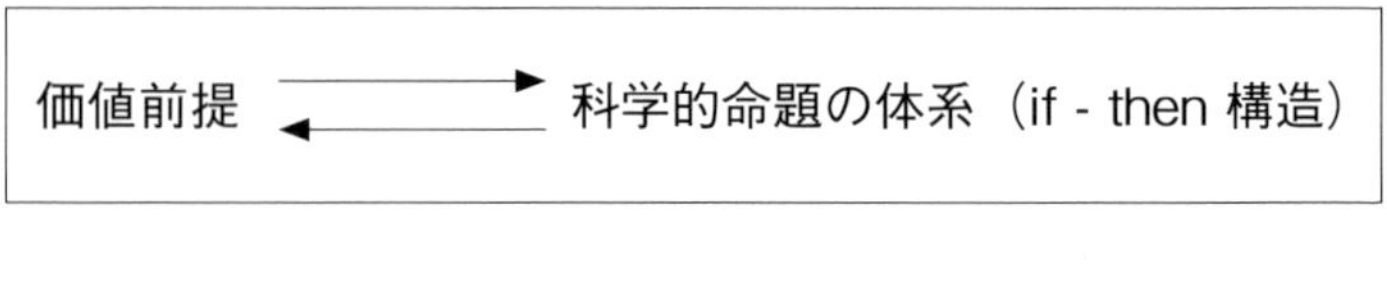

ちは、どこまでも、客観的な判断を完璧に行うことはできないという現実から逃れることはできません。

たとえば、生命倫理という価値前提の上に医学は成り立っています。また医学の進歩によって生命倫理の考え方も、より精緻で客観的なものになっていきます。しかし、たとえば移植医療の発達によって、脳死が新たな生命倫理のテーマになるという例に見られるように、どこまでも客観では語りきれない価値前提と、あくまでも客観的な科学的命題体系とのあいだの循環的な関係は続くことになります。

したがって、応用科学の理論は、つねにこれで完成と言えるようなものはありません。しかし、それをわきまえた上で——あるいは、わきまえた上であるならば——できる限りの活用を試みる姿勢が求められます。

すべての科学は純粋な客観性をもたない

さらに話を進めます。

図18ないし図19に示した応用科学の構造の右側、つまり「科学的命題の体系（if-then 構造）」の部分は、観察や実験によって確かめられた（あるいは今後、観察や実験によって確かめられるはずの）事実に基づいて構成されていますから、それは客観的であると言われる資格をもつはずなのですが、実は、それさえも私たちが考えているような純粋な客観ではありません。

というのは、観察や実験さえも、事実をありのまま見ることはできないからです。

この事情は、基礎科学の場合も同様です。基礎科学は価値前提をもちませんから、「科学的命題の体系（if-then 構造）」だけで成り立っています（基礎科学もまた「これこれの状況下ではこうした現象が起きる」という if-then 構造から成り立っています）。そして実は、基礎科学においても、これは純粋な客観認識によるものではないのです。

では、私たちはなぜ、事実をありのまま見ることができないのでしょうか。これについては、すでに第三章で明らかにしたように、私たちの「感覚装置」、つまり目や耳などの感覚器官（五官）と、そこから入ってくる情報を処理する神経系は、事実をありのままとらえることができるようにはできていないからです。

そこから、科学理論もまた一つの解釈であるという考え方が生まれます。

ポパーの批判的合理主義

さて、今でこそ、このように柔軟な科学観が主流を占めるようになりましたが、まず初めに固定的な科学観に疑問を呈したのは、カール・ポパーという哲学者です[3]。

それまでは、科学的命題であるための条件は「検証可能性」でした。

つまり、観察や実験によって正しいかどうかが検証されているか、あるいは、観察や実験はまだなされていないけれども、やれば必ず正しさが検証されるはずであるかどうかということです。

これに対してポパーは、こう考えました。

はたして、科学的命題の完全な検証ということはありうるのか。

一万回実験をして、どの回も命題の主張するとおりの結果が得られたとしても、一万一回目もそうであるという保証はどこにもないのです。

これは、実験技術のことを問題としているのではありません。

個別の事実を観察して、そこから一般原則を推論することを「帰納」[4]といいますが、私たち人間にとって、完全な帰納は不可能です。[5]つまり検証といっても、それは一回一回の観察や実験の結果が推論のとおりであることを検証しているだけで、それを何回積み重ねても、その推論が普遍的な原則であるということを検証しているわけではないのです。

個別の事実を語る命題を「単称命題」といいます。これは、その事実を観察することによって検証できます。一方、普遍的な原理原則について語る命題を「全称命題」といいます。そして、「全称命題」は検証できない。つまり、個々の事実をいくら検証しても、それが普遍的原則であるということは検証できない。わかりやすく言えば、無限回の実験をやってもつねに同じ結果が出るかどうかというこ

---

(3) カール・ポパー（K.Popper, １９０２〜１９９４）。オーストリア出身のイギリスの哲学者。主要な著書としては、*The Logic of Scientific Discovery*（１９５９年）、大内義一、森博訳『科学的発見の論理』(上)(下)、恒星社厚生閣（１９７１年）が挙げられます。

(4) 反対に、一般原則から個別の事実を推論するのを「演繹」といいます。

(5) 高校の数学で「数学的帰納法」という考え方を習った人は多いと思います。数学のような概念の世界では帰納法の論理がありえますが、実際の世界を扱う経験科学においては事情が違います。

(6) 「小学5年生は小学1年生よりも平均身長が高い」は全称命題、「A君は背が高い」は単称命題です。命題には、ほかにもさまざまな分類方法があります。「夏は暑い」のように、ほぼ、ことば（この場合は「夏」）の意味を伝えるだけにとどまる命題を「分析命題」、そして、実質的な意味内容を伝える命題を「総合命題」といいます。「夏はビールがよく売れる」は後者です。また、「べきだ」を語るのが「当為（価値）命題」、「である」を語るのが「事実命題」です。

とは確かめようがないのです。ゆえに、全称命題の体系である科学理論はすべて仮説でしかない[6]。実に明快な論理です。

そこでポパーは、「検証可能性」に代えて、「反証可能性」という概念を提示して、これを科学的命題の条件であるとしたのです。

ポパーによれば、科学理論とは「観察や実験によってテストされることが可能な言明であり、しかもいまだそれによって反証がなされていないもの」なのです。つまり、科学理論というのは、実験や観察というテストによって反証がなされる危険に晒《さら》されながらも、いまだにそれがなされていない仮説のことであるとポパーは言います。

この「晒《さら》される」ということが、とても大事なのです。

あまりにも抽象的で無難な命題などだれも反証しようとしない。反対に、具体性が高く、しかも革新的な内容をもつ命題ならば、反証のリスクも高い。それでありながら、だれの実験によっても反対すべき結果が出ていない。これが、いい科学理論なのです。

ポパーのこの立場は、「批判的合理主義」と呼ばれます。

クーンのパラダイム論

科学理論に対するポパーの視線には、たいへん鋭いものがあります。

しかし、さらに新しい科学観を提唱したのが、トマス・クーンという科学史の研究家です[7]。

ポパーの考え方だと、反証されてしまったら、その仮説は理論の座を降りることになりますが、クーンは、反証された仮説だからといって性急に排除されるべきではないと考えます。たとえば、ある命題体系では語れないいくつかの例外的な事象に遭遇したとしても、その命題体系のベースを保ったまま、それらの例外をカバーする新たな命題が、全体の整合性を大きく崩すことなく追加されるということもありうるからです。

それよりもクーンがもっと重視するのは、科学の歴史を見れば、科学理論がどんどんと変革を遂げていくのは、反証によってではなく、むしろ命題体系のベースごと、根こそぎほかの命題体系にとって代わられるというプロセスを経ているということです。

クーンは、一つの科学的な命題体系やその背景にある世界観までを含めて、これに「パラダイム(paradigm)」ということばを充てました。ものの見方、考え方の根本的な枠組みとでも受け止めればいいでしょう。つまりクーンは、パラダイムということばを使って、科学が解釈の営みであることを示したのです。

クーンは、科学理論の変革は、パラダイムごとまるまる起きるということを強調しています。これが有名なクーンの「パラダイム論」で、現在の科学観を代表するものになっています。たとえば、地球は止まっているという世界観から、地球は回っているという世界観への転換が起きて、いろいろなことがきれいに矛盾なく説明できるようになりました。

(7) トマス・クーン(T.Kuhn, 1922~1996)。アメリカの科学史家、科学哲学者。主要な著書としては、*The Structure of Scientific Revolutions*(1962年、1970年)、中山茂訳『科学革命の構造』みすず書房(1971年)が挙げられます。

科学の歴史についてよく知らない私たちでも、「パラダイムの転換が必要だ」などとだれかが言うのを聞くことがありますが、これは、考え方をごそっと根底から変えようという意味で、クーンのことばを引用しているのです。

本書でも、再三「よりよい説明にとって代わられていない仮説の体系」というふうに科学理論を説明してきましたが、これはクーンのパラダイム論をベースにした考え方です。

パラダイムとことばの意味

「古典力学」は一つのパラダイムです。これは、私たちの生活場面における物理的な力をよく説明してくれます。一方、素粒子レベルで物理的な力を語る「量子力学」も一つのパラダイムです。このように、視点に応じて並立するパラダイムもあります。しかしこのとき、どちらかに含まれる概念（＝ことば）は、別のパラダイムの中ではまったく意味をもたないということに注意しなければなりません。

たとえば、古典力学における「重力」は、古典力学のパラダイムの中のほかのことばで定義されますし、一方、量子力学における「重力」は、量子力学のパラダイムに含まれるほかのことばによって定義されます。ですから、古典力学における「重力」ということばは、量子力学のパラダイムの中には居場所がないのです。また、その逆も言えます。

このように、パラダイムの全体と、そこに含まれる一つひとつの概念（＝ことば）は一心同体であって、ある概念だけを取り出して、ほかのパラダイムとのあいだでやりとりすることはできません。

クーンはこれを、「共約不可能性」（あるいは通約不可能性、Incommensurability）と呼んでいます。

一つのパラダイムに含まれるすべての概念（＝ことば）は、そのパラダイムの中のほかの概念（＝ことば）とのあいだで、お互いにお互いを定義し合う関係にあります。ですから、古典力学における重力の定義と、量子力学における重力の定義のどちらが正しいかなどと議論するのは、まったくナンセンスだということになります。

たとえ呼び名が同じであっても、古典力学における「重力」の概念を、量子論のパラタイムの中に持ち込むことはできませんし、その逆もまたできません。これは、あるジグソーパズルのピースを別のジグソーパズルに持ち込むことができないのと同じで、置き換えられた先ではどこにも位置づけられることができないのです。

野球で言うアウトとテニスで言うアウトでは、まったく意味が違います。まったく野球を知らない人に、野球のアウトの意味を説明しようと思えば、野球というゲームのほぼ全容を説明しなければなりません。テニスの場合も同様です。

このように、ことばはそれを含む文脈（科学で言うならばパラダイム）全体の中で意味が決まるという性質をもっています。もっと言えば、一つのことばは、それを含む文脈全体を、意味として内に含み込んでいるということになります。ことばの「意味」とは、そういうものなのです。

クーンがパラダイム論を提唱するにいたった背景には、ことばがもつこのような性格に対する理解もあったようです（あとで、クーンにも影響を与えたのではないかと思われる、ウィトゲンシュタインの言語哲学について紹介します）。

ちなみに、日常会話においても同様に、一つひとつのことばは、それぞれがお互いに意味を支え合う関係をもちながら、全体で一つの体系をなしています。そして、その体系のあり方は、いくらていねいに申し合わせたとしても、個人個人のあいだで微妙に異なります。ですから、人の話を聴くときには、個々のことばの意味を自分のしかたで解釈するのではなく、相手の言語体系全体の中での意味を探らなければならないということになります。

観察の理論負荷性

科学については、最後に、ハンソン[8]が唱えた「観察の理論負荷性（Theory-Ladenness）」ということを説明しておきましょう。

名前は難しいのですが、言っていることはそれほど難しいことではありません。そして、これもやはり、科学的認識が一つの解釈であることを示唆するものです。

それは、こういう内容です。

ポパーの批判的合理主義やクーンのパラダイム論が登場するまでは、ある仮説が科学理論であるための条件は、観察や実験によって検証されることだという素朴な考え方が支配的でした。これを「論理実証主義」といいます。

しかし、観察や実験によって仮説を検証しようとする作業はけっして純粋に客観的なのではなく、これもまた解釈です。そのとき私たちは、検証しようとする仮説に引っ張られて（その束縛を受けて）、観察や実験の結果をそちらよりに都合よく解釈してしまう傾向がある。

これが、「観察の理論負荷性」ということです。

どこかで聞いた笑い話ですが、人が立っていられるのは、前に倒れそうになったら息を吐き、後ろに倒れそうになったら息を吸うからだという仮説を唱えた人がいて、それを証明するために数分間息を止めて立ってみたら、やっぱり倒れたという話があります。

もう少し現実的な話ですが、「慣性の法則」がまだ理論体系の中に組み入れられていなければ、高いところから物を落としたとき、それが真下に落ちたならば、それは地球が止まっていることの証拠になってしまいます。地球が回っているなら、落としたところとは別の場所に落ちるはずだと、そう論理立てることができるからです。

これらは極端な例ですが、私たちはいくら緻密に考えても、世界のすべての法則を知り尽くしてはいないのですから、観察や実験の結果を、狭い知恵の範囲で都合よく解釈してしまっている可能性を否定することができないのです。たとえ方程式に合う実験結果が出たとしても、同じことが言えます。

ハンソンのこの提言は、科学を一つの解釈の体系と考えるクーンのパラダイム論と軌を一にするものです。

ちなみに、実は、観測装置もまた仮説によって作られているものでいっぱいです。電子顕微鏡は、対象に電子をぶつけて、その姿を視覚的に浮かび上がらせるしくみになっていますが、装置から放出されたものが電子かどうかは五感によって直接確認することはできません。しかし、理論上そのはず

（8）ノーウッド・ハンソン（N.Hanson, 1924〜1967）。

なのです。また、それによって見えてきたものは、対象がもっているすがた形であるはずなのです。

このように、私たちの科学的な世界認識の多くは、まず観察対象と、それから観察する側の私たちの感覚装置（＝感覚器官と神経系）のはたらき、そしてそのあいだを取り持つ観測装置のはたらきと、そのどれもが直接的には観察されえない中で、一つながりの全体として解釈されることによって成り立っています。

科学哲学と言語哲学

さて、今、科学とは何かを考えました。

このように、「とは何か」という問いを立てるのは、「哲学」の守備範囲です[9]。

「哲学」とは、私たちが当然そのようなものだと思っているさまざまなものごとについて、一度ゼロベースに戻した上で、その理解を論理的に再構築していく学問です。ですから、あらためて実験をしたり観察したりすることは、基本的にはしません。

むしろ、「実験とは」「観察とは」、そして「科学とは」と問うていくのです。

ほかにも、「仕事」「言語」「人間」「身体」、そして「自己」とは何かなど、私たちがもっているあらゆる概念を考察の対象とします。

私たちが、あまりにも当たり前だと思っていることに対して、あらためて「とは何か」と問うてみれば、既存の知恵が多くの誤解や思い込みでできあがっていることに気づくことが多くあります。その誤解や思い込みを取り払って、より妥当性の高い知恵を得ようとする営みが「哲学」なのです。

このとき、空虚で無根拠な論理展開に陥るのを避けるために、哲学の思索においては、科学の世界で得られた知見が多く用いられます。実は、科学が発達したからこそ、古い哲学がそれ自身の中に含み込んでいたさまざまな思い込みを排除することができました。

しかし、一方では、「科学とは何か」を問う作業は、哲学が引き受けます。

このように、哲学の一角には、科学を根拠づけるための思索を受け持つ分野があります。これを「科学哲学」あるいは、「科学方法論」といいますが、現代哲学の中では、重要な位置づけにある分野の一つです。

ここで紹介してきた議論は、この科学哲学の世界で展開される種類のものです。

一方、「言語哲学」もまた、現代哲学の中では重要な位置づけにあります。

そこで次に、クーンらの「科学哲学」にも大きな影響を与えた、ウィトゲンシュタインの言語哲学を紹介します。ウィトゲンシュタインの言語哲学は、「自己」とは何かという問いへと発展していきます。

前期のウィトゲンシュタイン――写像理論

（9）「哲学」ということばは、幕末から明治にかけての思想家、西周（にしあまね、1829～1897）が、英語のphilosophy（もしくはこれに該当するオランダ語）の訳語として造語したものです。英語のphilosophyは、ギリシャ語の「フィレイン＝愛する」と「ソフィア＝知恵」から来ていますので、最初は「希哲学」と訳していましたが、その語「希」を略して「哲学」としました。

ウィトゲンシュタインという哲学者がいます。言語哲学の分野で革新的な仕事をした人で、彼の思索は、のちに科学論の世界にまで影響を及ぼしました[10]。

彼の言語観は、前期と後期のあいだで大きく変化するのですが、一貫して、言語に対する私たちの通常の理解に対して問題提起を行いました。以下にその概略を紹介します。

彼の前期の仕事は、次のようなものです。

まず、彼は、一つ一つの「語」の意味とは、それらが指す「対象」のことであると考えます。何か当たり前のことのように聞こえますが、少し解説を加えます。

たとえば、「ひとりの受験生が机を前にして勉強している」という文は、「ひとりの受験生」の存在、そして「机」の存在、前者が後者を「前にしている」という位置関係、そして「勉強している」という前者の行為を示しているということになります。このように、言語と世界は一対一で対応しているという前期ウィトゲンシュタインの言語観を「写像理論」といいます。言語は、世界の写像のようなものであるということです。その意味では、言語は世界を客観的に語るものだと考えていたようです。

もちろん、彼は、それが言語本来の機能であり有意味な使われ方であるということを主張しているのであって、実際の言語活動のすべてがそうであると言っているわけではありません（あいさつや命令、意思の表明などは何かの対象を指すわけではありませんが、これらも言語活動の一部を占めています。ただし前期のウィトゲンシュタインは、これらを有意味な言語使用場面とはみなさず、考察の範囲から除外しています）。

写像理論によれば、世界の存在形式（＝世界の成り立ち）は、言語がもつ論理形式（＝論理の成り立ち）と一致しているということになります。現実の世界は、ことばの世界とまったく同じ構造をもっているということです。

しかし、その「論理形式」という語については、これに対応する何らかの対象が現実世界のどこかに存在するということはありません。したがって、ウィトゲンシュタイン自身が唱える写像理論に忠実に従えば、言語は、言語がもつ論理形式自体について語ることはできません。つまり、論理は論理自身を語ることができないということです。

ウィトゲンシュタインのことばを用いれば、論理は「語りえぬもの」なのです。したがってそれは、哲学のテーマにはなりえません。彼によれば、哲学が論理的であろうとするならば、かえって論理を扱ってはならないということになるのです。

語りえぬもの

もちろん、哲学の中に、論理を語る「論理学」というものはあります。それは、命題（＝文）の真偽の判定基準を整理して体系化しようとするもので、的確にそのねらいを達成しています。

これに対して、ウィトゲンシュタインが語れないというのは、さらにその奥にあるところのものです。論理形式というのは論理の世界の中にあるものですから、現実世界とは直接の接点はありません。

(10) ルートヴィヒ・ウィトゲンシュタイン（L.Wittgenstein, 1889～1951）。ウィーン出身の哲学者。著作の邦訳は、『ウィトゲンシュタイン全集』全10巻・補巻2、大修館書店（1975年）に収められています。また、個々の著作についても邦訳書は多くあり、一部は文庫本にもなっています。

そういうものの正しさは何によって根拠づけられるのか。それを背後から語る論理はないということです。

それともう一つ、ウィトゲンシュタインが「語りえぬもの」としたものがあります。それは、「倫理」や「生きる意味」というようなものです。

「倫理」というものが、何らかの対象として世界のどこかに存在するわけではありません。したがって、写像理論の立場に立つウィトゲンシュタインに言わせれば、哲学はこれについても沈黙しなければならないのです。

ただし、これは、「倫理」というものは論理では語れない、したがってそれは哲学のテーマではないという考えの表明であって、日々の暮らしにおける倫理実践の必要性を否定するものではありません。むしろ彼自身は、まるで鬼気迫るような態度でそれを実践しようとした人でした。

彼の前期の代表的な著作である『論理哲学論考』には、哲学は「語り得ぬものについては、沈黙しなければならない」という有名な一節があります。[11] この「語りえぬもの」が、「論理」の論理性と「倫理」の論理性なのです。つまり論理は、論理自身と倫理を語ることができない。これが彼の主張です。

哲学のテーマの中でも、重要な位置づけにある「論理」と「倫理」について語るべきでないと言うのですから、ウィトゲンシュタインは哲学に対してひじょうに画期的な問題提起をしたことになります。

またこれは、実務家などの生活者を含めた人類一般に対する問題提起でもあります。

私たちは論理を万能なものと考えていないか、論理をすべての知恵の背景に据えていないか。前期ウィトゲンシュタインは私たちに、そういう問いを投げかけていたのではないでしょうか。

後期のウィトゲンシュタイン——写像理論からの決別

ウィトゲンシュタインは、中期を経て後期にいたるあいだに、「写像理論」とはきっぱりと決別します。しかし、論理で語れるものごとの限界を知り、それを超えるものについては論理を用いてはならないという前期の姿勢は貫かれます。

後期においても、彼の中心的テーマはやはり言語なのですが、前期の考え方——つまり言語の本来の機能を、写像理論が成り立つ範囲にのみ限定してとらえていたあの考え方——から脱皮します。言語が用いられる場面の多様性に注意を向けたとき、写像理論では説明できない場合が圧倒的に多いのです。

確かに、自然科学の領域や、専門性の高い職種における会話の中では、写像理論が成り立つ部分の割合は高いかも知れませんが、それは私たちの言語活動のごく一部にすぎません。

しかし、それならば、私たちの日常生活において、語の意味とはいったい何なのか。なぜ会話が成り立つのか。

（11）黒崎宏によるウィトゲンシュタイン研究書（このあとの注釈（14）を参照してください）の中の訳文を転載しています。なお、原典は、L.Wittgenstein, *Tractatus Logico-Philosophicus*（１９２２年）。

ウィトゲンシュタインの結論はこうです。

言語ゲーム

言語活動を中心とした私たちの社会的営みが成り立つのは、私たちが、言語の使い方や、生活場面におけるさまざまなふるまい方に関する何らかの規則、つまりルールを共有しながら、それらの営みに参加しているからです。

そして、彼は、言語活動を中心とした私たちの社会的営みのすべてに対して、「言語ゲーム」という呼び名を与えています。これはけっして、遊びの要素があるというようなことを意味するのではなく、ルールに基づく行為であるという点においてゲームになぞらえて見ているのです。

たとえば、私たちは、家族関係や仕事、近所づきあいなど、少しずつルールの異なるいくつもの言語ゲームに日々、参加していることになります。

ただし、一般的なゲームの場合は、あらかじめ決められたルールの上にそれが成り立ちますが、言語ゲームの場合は、逆にその実践の中からルールが生まれてきます。ですから、ルールはけっして固定的ではない。

私たちは、確かにルールに従って言語を使い、状況に応じたふるまい方を選んでいるのですが、反対にそのときどきの言語の使い方やふるまいが、その都度ルールを生み出しています。したがって、ルールの内容については明確に語ることはできません。

ウィトゲンシュタインは、後期の代表的な著作である『哲学探求』の中で、「語の意味とは、言語ゲームにおけるその語の使用である」と述べています[12]。言語活動のほとんどの場面において、語の意味は、それが指す対象でもなく、また、明確な定義によって決まるものでもない。その使われ方の中に現れるものだと言うのです。

つまり、語の意味が成り立つのは、必ずしもそれが特定の対象に対応しているからということではなく、また、あらかじめ定義がきっちりと共有されているからでもありません。話し手と聞き手のあいだで、語の意味が一致すると感じられるのは、言語ゲームの中でちゃんとその語が使えていると、両者が共通に感じることができるからです。語の意味は、実際にその語が使用される中で、ほかの語との関係において成立してくるものなのです。

このように、言語規則（国語の文法ではなく、どのような場面でどのようなことばをどのように使うかのルール）は、やはり論理によって説明することはできません。後期のウィトゲンシュタインにとっては、この流動的な言語規則こそが「語りえぬもの」だったのです。

一方、倫理についてはどうか。やはりこれについても、論理では語れないという彼の考えは、前期、後期を通じて変わらなかったように思われます。

私たちが倫理的であろうとする意識の発達過程については、マズローの発達論あるいはその再解釈（図15の二つの図）によってある程度説明することができます。しかし、そもそも倫理とは何か、倫理的であるとはどういうことなのかについては、論理で説明しつくすことはできません。

(12) 同じく、黒崎宏による訳文を転載しています。原典は、L.Wittgenstein, *Philosophische Untersuchungen*（１９５３年）。

私たちは、それぞれの活動領域において真摯に試行錯誤を重ね、その都度最適だと思われる解答を見出して行動する。そうした努力を続けていくしかないのです。

ウィトゲンシュタインの無主体説

一方、ウィトゲンシュタインの言語観は、「自己」について考える上でも、大きな示唆を含んでいます。彼の哲学を紹介する最後に、これについて触れておきましょう。

まず写像理論の立場にあった前期においては、彼は、「自己」つまり「私」についてこのように考えます。

私が、ある命題（＝文）――それは言語によって構成されます――によって世界を語るとき、実は世界を語っているのはその命題（＝文）であって、私ではない。しいて「私」というものを探せば、それは世界を語っているその命題（＝文）そのものであるということにしかならない。つまり「私」というのは、言語による思考のはたらきそのものであって、それを行っている主体としての固定的な「私」というものが別にあるわけではない。「私」は、世界の一部を構成しない。だから、言語によって写像できない。

ここで取り上げられている「私」は、もちろん身体のことではありません。身体は明らかに世界の一部に存在します。しかし考える「主体」としての「私」は世界にはいない。

これが前期ウィトゲンシュタインの「無主体説」です。

彼は、前期の主著『論理哲学論考』の中でこう述べています。

「主体は、語りえぬものであり、世界の中には存在しない。それは、世界の——部分ではなく——限界なのである。(13)」

これに対して、写像理論から離れた後期の場合、彼は多くの考察を経て、「無主体説」を言語ゲームの考え方から組み立て直します。

ざっと要約すれば、やはり前期同様、「私」という実体が世界に存在するのではない。「私」というのは、「私」という語を含む言語ゲームの中でのみ意味をもつ。つまり「私」というのは、ことばの上での存在だということです。

「私」という語があることによって、これに対応する実体が何かあるという固定観念をもってしまいますが、いったんことばを離れれば、「私」という特定の存在を見出すことはできなくなります。ウィトゲンシュタインの無主体説は、「私」というものとどのように向き合えばよいのかを考えるとき、一度考えをゼロベースに戻すことを促してくれます。

ただし、彼の説くところを実感するのはひじょうに難しいということは否定できません。ところが、ウィトゲンシュタインの哲学は、古くからの東洋の哲学、そしてそれをベースとした日

(13) 同じく、黒崎宏による訳文を転載しています。
(14) 黒崎宏は、ウィトゲンシュタインと東洋的、日本的思想とを結びつけた議論を展開しています。文献としては、『語り得ぬものに向かって』勁草書房(1991年)、『ウィトゲンシュタインから道元へ』哲学書房(2003年)、『ウィトゲンシュタインから竜樹へ』哲学書房(2004年)、『純粋仏教』春秋社(2005年)、『理性の限界内の般若心経』春秋社(2007年)、『自己の哲学』春秋社(2009年)などがあります。

本の哲学と重なり合う部分があります[14]。

東洋や日本の哲学もまた、自己というものを一度ゼロベースに戻すための論理から成り立っていますが、実はそれだけではなく、そこからあらためてまた自己概念を立ち上げていくための論理を伴っています。

概略はすでに第三章で見ましたが、次に若干の補足を加えておくことにしましょう。

東洋と日本の哲学へのより深い考察

縁起と無我そして空

鈴木大拙は、「即非の論理」を、「般若《はんにゃ》即非の論理」とも呼んでいます。

「般若《はんにゃ》」というのは、古代インドの言語の一つであるサンスクリット語（＝梵語《ぼんご》。般若経典もこれによって編まれています）の「プラジュニャー」の音訳で、「正しい知恵」を意味します（この意味を指す場合には「智慧」という字が充てられます[15]）。

ここで、その「正しい知恵」つまり「智慧」とはどのようなものなのかということと、その発見の歴史を少しだけ見ておくことにしましょう。

まず、紀元前5世紀ごろ、釈迦《しゃか》[16]は、「縁起《えんぎ》」と呼ばれる実在世界の原理を発見します。

実在世界を構成するさまざまなものは、相互に無限の因果関係をもち合って存在しており、その中でつねに形や性質を変えながら運動している。したがって、他から独立した一つの実体として、いつまでも変わらぬ形や変わらぬ性質をもっているものは何一つない、あるのはただ関係、あるいは作用のみである。(17)

世の中のできごとやものごとは、すべてそれ自体としてあるのではなく、互いに、他の要因に「縁《よ》って起《お》き」ている。その運動の全体が世界だということです。

これが「縁起《えんぎ》」の法則です。

ある人が、優れた医薬品によって健康を取り戻したとする。その医薬品は、おそらく熱心な開発者たちの高度な思考を経て生まれたものでしょう。そして、思考にはエネルギーが必要です。それは食事によってつくり出されますが、食材、たとえば米に含まれる養分は土や水から取り込まれます。そ

(15) 実際は、より庶民的な言語、たとえばパーリ語の「パーニャ」（サンスクリットの「プラジュニャー」に該当します）などが「般若」という音訳語の元になったものと考えられます。いずれにしても、鬼の形相をした能面の般若（こちらは、能面作者の人名から来ているようです）とはまったく関係がありません。

(16) 本名は、古代インドのパーリ語では、ゴータマ・シッダッタ、同じくサンスクリット語では、ガウタマ・シッダールタに近い音のようです。釈迦の呼び名は、シャーキャ族の王子として生誕したことによります。また、シャーキャ族の聖者を意味する釈迦牟尼世尊を略して、釈尊と呼ばれることが多くあります。なお、釈迦は、自らの教えを文字では残していません。入滅後、紀元（西暦）が始まる数百年間に成立した経典（パーリ語で編まれています）は、弟子たちの記憶と伝承に基づくものです。これに対して、紀元後の大乗経典（サンスクリット語で編まれています。般若系の経典はその初期のものです）は、新たに創造的な解釈が加えられて成立しています。

(17) 漢字の「体」と「用」が対概念になることがありますが、この場合、「体」は形ある実体、そして「用」は、形のないはたらきや作用、運動を指します。日本語の文法用語でも、名詞で終わる文のことを「体言止め」、そして動詞や形容詞（あるいは形容動詞）で終わる文のことを「用言止め」と言います。名詞がすべて形あるものを指しているわけではありませんが、より固定的な印象があるので「体」、これに対して、動詞や形容詞は流動的な印象があるので「用」の字が充てられたものと考えられます。

こには、田んぼのカエルの排泄物も含まれている。

このように、物質はエネルギーに変換され、エネルギーは物質へと還元され、世界を巡ります。ですから、極端な話、ある人がある医薬品によって取り戻すことができた健康な体には、カエルの排泄物や、さらにはカエルが食べた虫までが影響している――いや、むしろ構成要素の一部である――ということになります。こうなればもう、薬を開発した「私」もなければ、健康を取り戻した「私」もない。世界は、それを構成するすべての要素が、形を変えながら無限に相互浸透し合っています。

世界は、私たちの目に映る巨視的レベルにおいても、また現代物理学がとらえるような微視的レベルにおいても、つねに一つながりの運動体であり、個々の要素は生成と消滅を繰り返しながら相互に作用し合っています[18]。

ですから、意識においても、また身体においても、私たちが思うような、環境から独立した固有の実体としての「自己」はどこにもいない。「自己」という語に対応する実体的存在はない。これを知ることを、「無我」といいます。

また、自己についてだけではなく、世界を一つの縁起と見て、目に映るすべてのものごとに対して実体を見出すことのない世界観が「空」です。

ところが、私たちは、自己を独立した実体あるものとし、また世界を構成するさまざまなものごとを、それぞれ独立した実体あるものとして執着します。それが原因となって偏った分別と行為が生まれ、これが新たな執着の原因となる。

釈迦はこれに対して、まず「無我」を知るべきことを説きました。

一方、「空」の世界観は、二世紀から三世紀ごろの仏教者である竜樹《りゅうじゅ》(19)や、ほぼ同時代に成立する「般若経典」に発展的に引き継がれていきます。

そこで、「般若」つまり「正しい知恵（智慧）」とは何かということですが、ここでは、世界観としての「空」、自己意識としての「無我」、つまり、自己を含めて、世界の諸要素を実体として見ることから離れた知恵と説明しておきましょう。

ただし、この説明ではまだ半分です。今しばらく話を続けます。

主客の区別もない

東洋的な「空」の哲学に対して、西洋の哲学の伝統は、ものごとを、実体的、二項対立的にとらえ

(18) 釈迦がはたして、量子論や相対性理論など、現代物理学がたどり着いた世界観を先取りしていたのかどうかは、たいへん興味深い問いではあるのですが、釈迦の説くところに照らせば、あまり意味ある問いではありません。釈迦が「縁起」を説く目的は、あくまでも生活実践の次元にあって、あらゆる執着から引き起こされる人々の生活次元での苦しみを取り除くためでした。とくに、人間にとってもっとも強い「我」へのこだわり、「我執」から人々を解放するのが直接的なねらいでした。ですから、喩えを用いるとしても、五感で観察できるものであることが必要であり、かつそれで十分でした。ただし現代人にとっては、現代物理学の成果を考え合わせることによって、「縁起」ということの理解がいっそう深まります。

(19) 西暦150年頃から250年頃の人というのが通説です。インド名はナーガールジュナといい、竜樹というのは中国で生まれた漢字名です。竜樹は、「縁起」の法則が言語の世界にも当てはまることを発見しました。語の意味は、それが指す対象ではなく、ほかの語との相互依存関係の中で決まるというものです。それは、前の節で紹介した後期ウィトゲンシュタインの言語観にきわめて近いものです。

ます。

たとえば、自己と世界です。

見る側と見られる側の関係、これは一貫して、西洋哲学の大きなテーマでした。ですから、西洋の哲学では、認識と存在、主体と客体（対象）、主観と客観という対比がよく登場します。たとえば「主観（＝主体による客体の認識）と客観（＝存在としての客体そのもの）は一致するか」という問いは、つねに西洋哲学の中心を占めてきました。

デカルトは、「我思う、ゆえに我あり」ということばによって、近代的な自我の観念を確立したと言われています[20]。すべての存在を疑っても、疑っている自分自身の存在は疑えない。彼はここから出発して、人間は世界を正しく合理的に認識できることをなんとか論証しようと模索しました。

これに対して「空」の哲学は、「世界はただ縁起である」ということを言っているのですから、この世界観の中に、認識と存在、主体と客体、自己と他者などのすべての区別は解消されていきます。そもそも主体や客体という実体を想定して区別することが、人間の作り出した概念のはたらきにすぎないということです。

したがって、「我思う」というのも世界全体のはたらきの一部であって、そうしている「我」という実体を想定する必要はありません。

これが、「無我」を含んだ「空」の世界観であり、それは徹底した「無分別」のすすめです。

「空」は、東洋の哲学を代表する知恵（智慧）です。そしてこの伝統的な知恵（智慧）は、とくに日本において、確実に現代に引き継がれてきています。

空を空じる

ただし、私たちは、実在世界が「空」であることを知っても、いや、反対にそれを知ったら、実際の生活を送ることができなくなります。

私たちは、実在世界が、自他を含めて固定的な区別など何もないということを知っても、やはり自分の生活は自分が守らなければならないし、自他の区別などないと主張して他人の所有物をかってに使用することはできません。

食べられるものとそうでないものは区別しなければならないし、燃えるゴミと燃えないゴミも分別（この場合は「ぶんべつ」と読みます）しなければならない。仕事においては公私の区別が必要ですし、オンとオフのメリハリも必要です。

何らかの基準で、善悪の判断もしていかなければならない。

やはり実生活においては、分別、つまりさまざまな二分法的区別や、それに基づく価値体系をもたなければなりません。

そこで、私たちは、いったん「空」を知った上で、「空」にこだわるのではなく、それさえも空じることを知らなければなりません。そのすべてを含めて「空」と呼ぶならば、それが「般若」と呼ばれる智慧です。

(20) ルネ・デカルト（R.Descartes, 1596~1650）。フランスの哲学者、自然学者、数学者。「近代哲学の父」と呼ばれています。

つまりそれは、「無分別を前提とした分別」の必要性に目覚めた知恵です。それは、自己への執着や、言語の副作用である固定観念から生まれる偏った分別が排除された、バランス感覚あふれる柔軟な知恵です。

竜樹の中道――「執《と》って仮設《けせつ》する」

さて、私たちの分別の背景には、言語を通して見た世界が実在世界であるという思い込みがあります。自己と他者という分別もまた、そこに含まれます。私たちはこの現実に気づいて、いったんことばを離れて世界を見るということをしなければなりません。世界はことばによって分別できない、つまり世界を「無」と知らなければならないということです。

しかし、生活のためには、たとえ仮のものだとしても、ことばによる世界の分別は必要です。つまり、世界を「有」として扱わなければならない。

したがって、私たちには、有無のいずれにもとらわれない姿勢、つまり「有無《うむ》の二辺」を離れた姿勢が必要です。

竜樹は、これを「中道《ちゅうどう》」と呼んでいます[21]。

確かに、実在世界は言語では語れません。しかしそれでも、私たちは言語によって世界をとらえていかなければ生活できない。ただしそのようにしてとらえた世界は、言語の限界の中で、ある目的や関心（＝執着）から仮に組み立てたものであるということを知らなければなりません。

竜樹はこれを、「執《と》って仮設《けせつ》する」と表現しています[22]。

世界は本来「無」ではあるが、便宜的に、仮の分別によって「有」と見る。これが「執って仮設する」ということです。

その自覚があるならば、意見をもち、そして主張しなければならないときには、私たちは流れに応じてそれをしなければならないということです。

本書の内容もまた例外ではなく、「執《と》って仮設《けせつ》」したものですし、科学の世界で行われるすべての精緻な説明もまた同様です。

もちろん、竜樹自身の主張も例外ではありません。(23)(24)

---

(21)「中道」は、すでに釈迦によっても説かれています。たとえば、出家者の修行の実践面における指導原理として、悟りのためには苦行と快楽の両極から離れる必要があるという意味での中道が説かれています。その中間がちょうどいいというのではなく、二項対立的な尺度を設けることや、さらにそのどちらかにこだわる姿勢を戒めているものと考えられます。一方、「有無の二辺を離る」という意味での中道は、思想内容そのものに関するものですが、実はこの意味での中道についてもすでに釈迦の説くところでした。これを論理を用いて明らかにしたのが竜樹です。「中道」は、「中庸」と違って、バランスをとるという意味ではありません。第二章で、ソーシャルスタイル理論に対する「近づき過ぎ」と「離れ過ぎ」から離れる必要性を説きましたが、これも「中道」の考え方で説明できます。

(22)「執って仮設する」という表現は、石飛道子『構築された仏教思想・竜樹―あるように見えても「空」という』佼成出版社（2010年）、76ページにある『中論』の訳文によります。同書では、「執って仮設する」ということに対する詳しい解説が見られます。

(23)ウィトゲンシュタインは、『論理哲学論考』の一節で、自らの主張をはしごに喩えて、昇り終わったらそれを投げ捨てなければならないと言っています。

一方、マッジマ・ニカーヤという原始仏典（大乗経典成立以前の経典）には、釈迦が自らの教えを筏にたとえて、川を渡りきったら筏を捨てよと述べているくだりがあります。ことばによって伝えられた教えが理解できたら、ことばの方は捨てよということです。多くの現代人にとっては、自転車の補助輪がわかりやすい喩えになるかも知れません。

(24)マズローは、高度な心理的発達段階である「自己超越」の特徴の一つとして、二分法を超越していることを挙げていますが、実は、すでに本文で見たように、その「自己超越」の段階は、彼が「自己実現」段階を二つに分けることによって発見したものです。ある説明とその説明の前提の間に、このような形式上の矛盾が生じることがあります。これは、言語的説明が「仮設」であるということを示す一つの例です。

「悟り」でさえ「悟り」でも何でもない

ここで、鈴木大拙の言う「即非の論理」の構文に、「般若波羅蜜《はんにゃはらみつ》」を入れてみましょう。そうすると、「般若波羅蜜、即非般若波羅蜜、是名般若波羅蜜」となります（第三章ですでに示したように、これは実際に『金剛経』の中にある一文です）。

「般若」は智慧、「波羅蜜」は完成という意味です。したがって、これを「悟り」と読み換えましょう。

そうすると、「悟りは悟りでないから悟りだ」ということになります。

今度は、「悟り」が「悟り」自身のことについて言っています。ですから、「木」の場合とはちょっと様子が違う？……と思ってしまいますが、これも同じ解釈で問題ありません。

「木は木でない」というのは、「木」は「木」でもなければ「木でない」こともないということを言っています。だから、それを「木」と呼びたければそれもいい。人間どうしでそう申し合わせたのならそれもいい、ということです。つまり、「木」か「木」でないかという言語特有の、二項対立的、二分法な思考は、あくまでも仮のものであるということです。

それは、「悟り」そのものについても同様です。

「悟り」と我々はいいますが、それは、ほんとうは、「悟り」でもなければ「悟りでない」こともない。それを「悟り」と言うのならば、もうそこに、分けて名づけるという言語的思考特有の癖が出てしまっています。しかし、そのことを知った上でなら、仮に「悟り」と言ってもいい。

考えてみれば、「二項対立」と「二項対立はだめ」というのも、実は二項対立による思考ですから、ここでも、分けるということをしてしまっています。

「無分別」と言ってみたところで、それは「分別」との対立概念ですから、やはりまだ「分別」をしているのです。「空」と言ってしまえば、もうとたんに「空」ではなくなります。

このように、「考える」「語る」ということはどうしても二項対立ですから、どこまでも続く二項対立を超えるには、考えない、語らないという方法しかないのです。

いわゆる修行者ではない一般の生活者は、そこまで徹底して考えない習慣を身につけることはできませんし、またその必要もないでしょう。

しかし、少なくとも、考えてもしかたがないことは考えない。悩んでもしかたがないことは悩まない。悩んでもいいけれど、意味がないからほどほどにすればよい。

これに気づくことは、生活実践の上で、たいへん役に立つことだと思われます。

絶対無の場所

鈴木大拙と哲学者の西田幾多郎《きたろう》は、研究生活において互いに影響を与え合った間柄です。

西田は、東洋的、日本的な考え方をなんとか西洋の哲学の方法で論理構成できないかと模索した学者です。[25]

(25) 西田幾多郎(1870~1945)。著作は、『西田幾多郎全集』全24巻、岩波書店(2002年~2009年)に収められています。『善の研究』は、岩波文庫と講談社学術文庫から出ています。

ここでは、その思索のいくつかを紹介しましょう（ただし、西田の哲学はひじょうに難解なので、このようなことを考えた人がいたんだということがわかれば十分です）。

まず、「場所」の論理です。

西田の言う「場所」とは、ものごとが意味をなす前提というような意味合いをもちます。たとえばカラスは、鳥という場所においてカラスであり、そうでなければ黒いかたまりです。また鳥は、動物という場所において鳥です。赤は、色という場所において赤です。人的資源は、経営組織という場所において人的資源です（ただし本書ではすでに、これを「社会」という場所においてと考えるべきであるという意味の指摘をしました）。

西田は、これを「述語となるもの」と言っています。

たとえば、「カラスは鳥である」、あるいは「人的資源は、経営組織における人のことである」などの文では、西田が言う「場所」は述語に該当します。

そしてたとえば、「カラスは鳥である」「鳥は動物である」「動物は生物である」というふうに、述語の部分を今度は主語にして、どんどん説明を続けていくと、最後には世界のすべてを包括する述語に到達するはずです。これを西田は、「絶対無」あるいは「絶対無の場所」と呼んでいます。

ですから、「絶対無の場所」というのは、もうそれ以上は述語が現れようがない、もうこれ以上に大きな集合や前提は存在しない、すべてを区別することなく含み込んだ無分別の極みのような世界の姿です。

「有」と「無」の区別さえ人間が考えるところの二項対立であって、その区別さえも本来はないという意味で「絶対」をつけています。

少し寄り道をしますが、「有」に対する「無」は「相対無」であり、これは西洋的な二項対立、つまり二分法によるところの「無」です。たとえば、「他者否定」とか「自己否定」とか言いますが、これは、本来は肯定しなければならない「他者」や「自己」というものがあって、これを否定してしまっている状態を指す表現です。ですから、これは一種の「相対無」です。

これに対して、西田の言う「絶対無」は、肯定や否定などを含む私たちの一切の分別や判断がなされる以前のありのままの世界のことで、「空」あるいは「無分別」に対応するものと考えていいでしょう。

しかし、私たちは、自分自身をはじめ、さまざまにものごとを分別し、さまざまな判断を加えながらこれらをとらえています。これは、本来は絶対無であるはずの世界の中で現実に起きていることですから、西田はこれを「絶対無の自己限定」と呼んでいます（この場合の「自己」は世界自身のことです）。

西田の表現は概してひじょうに難しい（ですから覚えたりする必要はまったくありません）のですが、これは「無分別の分別」と同じニュアンスのものと考えていいでしょう。

西田はまた、「絶対矛盾的自己同一」などというもっと難解な表現を提示しています。相互に絶対的に矛盾するものが、矛盾し対立しながらも全体としての一致を保っている状態を指しています。「絶対無の自己限定」は、無分別のままでよいはずの世界の中から分別が発生している様子を示していますので、まさにそれは「絶対矛盾的自己同一」の状態です。

行為的直観

西田によれば、個と全体は「絶対矛盾的自己同一」の関係にあります。両者は矛盾した関係にあるのですが、個がなければ全体はなく、また全体がなければ個はありません。

ですから、個人は環境に対して、観察者、傍観者としてではなく、あるいは一方的に影響を受ける者としてでもなく、環境とのあいだで相互に影響を与え合う者として存在しなければならないのです。

西田は、周囲とのこのような関係のもち方を「行為的直観」と呼んでいます。

「行為的」つまり能動的に環境に接近するからこそ、「直観」つまりそれそのものをつぶさに知ることができるということです。

西田は「物となって見、物となって行う」という言い方をしていますが、能動的にそれに接近するとは、逆にいえば受け身的にそれになりきることです。そうしてこそ、それのことがほんとうにわかるということです。そこでは、主客（見る側と見られる側）の区別も取り払われています。

マズローは、自己超越的な認識の例として、曲がってかけられた壁の絵からの要請を感じ取るケースを挙げていますが、この「能動的－受け身的」姿勢は、西田の言う「行為的直観」に一致すると考えていいでしょう。

また、本書が言うところの「主体的当事者の観点」も同義です。

問題の本質を知りたければ、見ている自分から離れて問題になってみる。そうすれば、問題の側は私にどう解決して欲しいと告げているのかがわかる。

西田の「行為的直観」というのは、どうもそのようなことを言っているようです。

この考え方に照らせば、「経営環境が激しく変化する中で、これからの企業は……」というようなことを言ったあとには、すぐにでも「その環境変化を生み出してきたもっとも大きな原因は当の企業行動にある」ということが付け加えられなければなりません。環境の側から見れば、まさにそうなのです。

あとがき

この本のテーマは、知恵の研究を通して私たちの自己形成を考えるということでしたが、直接、自己形成に役立つ内容は、第二章で扱ったマズローの発達論と、同じ章のパーソナリティに関する理論ぐらいではなかったかと思います。

ただし、これらはひじょうに参考になります。

自己形成というのは確かに経験的プロセスですが、人や社会を語る理論は、一定の限度でこれを確実にサポートしてくれます。

では、「理論」とは何か。それは、どのような条件を備えた知恵であり、またどのようにして構築されていくのか。そして、その限界はどこにあるのか。

これを知れば、私たちは「理論」から、より多くのことを学ぶことができます。

一方、理論は「言語」でできあがっています。

では、「言語」とは何か。その限界は、どこにあるのか。

やはりそれを知れば、私たちはその性質を見極めて、より適切にことばを用いていくことができます。

そして、「自己」という概念も、言語の作用によるものであるというところに立ち戻ってみれば、私たちはどのようにこれと向き合っていけばよいのかについて考える道が拓けます。

このように、この本では、ことばがことばを呼んで、思わぬ方向に次々と議論が展開されていきました。

しかし、これらのテーマは、お互いに深い関係をもち合っていて、そのどれもが私たちの自己形成に関わるものであったと思います。

ですから、最初に組織マネジメントという実践的場面を一瞥してからこれらの議論に入っていきましたが、そこで取り上げたマネジメントの実践例は、その後の各章の中に繰り返し登場することになりました。

中でも、「ものの見方」つまり「認識」の自己マネジメントは、一貫して重要なテーマでした。私たちの認識は、日常のものであれ科学的なものであれ、すべてことばの性質に限界づけられた固定観念です。また、日常の認識は、自己への執着に端を発する固定観念にもとらわれています。そして、その「自己」という感覚もまた、「自己」ということばの影響を強く受けています。

ここのところをよく理解することが、認識の自己マネジメントをうまく進めていく秘訣ではないかと思われます。

そして、「自己」という概念は、これを大切にしながらも執着しない。そういう間合いの取り方が、この本における一つの学びどころではなかったかと思います。

最後に、出版の機会をいただいた関係者の皆さんと、さまざまな議論に応じてくださった周囲の皆さんに、心から感謝のことばを述べさせていただきます。

二〇一二年　八月

著者

参考文献

第一章

■ヴェーバー ,M. ／大塚久雄訳『プロテスタンティズムの倫理と資本主義の精神』岩波文庫（1989 年）

■ヴェーバー ,M. ／祇園寺信彦、祇園寺則夫訳『社会科学の方法』講談社学術文庫（1994 年）

■佐伯雅哉『マネジメントが目指すもの―行動の変革から認識の成長へ』産業能率大学出版部（1999 年）

■竹田青嗣『はじめての現象学』海鳥社（1993 年）

■テイラー ,F.W. ／上野陽一訳・編『科学的管理法』産業能率大学出版部（1969 年）

■ドラッカー ,P.F. ／野田一夫監修・現代経営研究会訳『現代の経営』（上）（下）ダイヤモンド社（1987 年）

■バーナード ,C.I. ／山本安次郎、田杉競、飯野春樹訳『経営者の役割』ダイヤモンド社（1956 年）

■ポラニー ,M. ／佐藤敬三訳『暗黙知の次元』紀伊國屋書店（1980 年）
／高橋勇夫訳『暗黙知の次元』ちくま学芸文庫（2003 年）

■山之内靖著『マックス・ヴェーバー入門』岩波新書（1997 年）

第二章

■シャイン ,E.H. ／松井賚夫訳『組織心理学』岩波書店（1981 年）

■寺澤朝子『個人と組織変化』文眞堂（2008 年）

■ドーキンス ,R. ／日高敏隆、岸由二、羽田節子、垂水雄二訳『利己的な遺伝子』紀伊國屋書店（1991 年）

■ハーズバーグ ,F. ／北野利信訳『仕事と人間性』東洋経済新報社（1968 年）

■フランクル ,V.E. ／霜山徳爾訳『夜と霧』みすず書房（1985 年）
／池田香代子訳『夜と霧』みすず書房（2002 年）

■フランクル ,V.E. ／山田邦男、松田美佳訳『それでも人生にイエスと言う』春秋社（1993 年）

■マグレガー ,D. ／高橋達男訳『企業の人間的側面』産業能率大学出版部（1966 年）

■マズロー ,A.H. ／原年廣訳『自己実現の経営』（1967 年）

■マズロー ,A.H. ／上田吉一訳『人間性の最高価値』誠信書房（1973 年）

■マズロー ,A.H. ／小口忠彦訳『（改訂・新版）人間性の心理学』産業能率大学出版部（1987 年）

第三章　ならびに「より深い理解のために」

■石飛道子『ブッダと竜樹の論理学』サンガ（2010年）
■石飛道子『構築された仏教思想・竜樹―あるように見えても「空」という』佼成出版社（2010年）
■今井むつみ『ことばと思考』岩波新書（2010年）
■ウィトゲンシュタイン,L.／野矢茂樹訳『論理哲学論考』岩波文庫（2003年）
／中平浩司訳『論理哲学論考』ちくま学芸文庫（2005年）
■瓜生津隆真『竜樹・空の論理と菩薩の道』大法輪閣（2004年）
■鬼界彰夫『ウィトゲンシュタインはこう考えた』講談社現代新書（2003年）
■木田元『反哲学入門』新潮文庫（2010年）
■クーン,T.／中山茂訳『科学革命の構造』みすず書房（1971年）
■黒崎宏『科学と人間』勁草書房（1977年）
■黒崎宏『ウィトゲンシュタインから道元へ』哲学書房（2003年）
■黒崎宏『ウィトゲンシュタインから竜樹へ』哲学書房（2004年）
■黒崎宏『理性の限界内の般若心経』春秋社（2007年）
■黒崎宏『自己の哲学』春秋社（2009年）
■小坂国継『西田幾多郎の思想』講談社学術文庫（2002年）
■シャンツ,G.／森川八洲男、風間信隆訳『現代経営学方法論』白桃書房（1991年）
■鈴木大拙『禅とは何か』角川ソフィア文庫（1954年）
■鈴木大拙『無心ということ』角川ソフィア文庫（2007年）
■竹田青嗣、西研編『はじめての哲学史』有斐閣アルマ（1998年）
■丹治信春『言語と認識のダイナミズム』勁草書房（1996年）
■永井均『ウィトゲンシュタイン入門』ちくま新書（1995年）
■中村元、紀野一義訳註『般若心経・金剛般若経』岩波文庫（1960年）
■橋爪大三郎『はじめての言語ゲーム』講談社現代新書（2009年）
■藤田正勝『西田幾多郎』岩波新書（2007年）
■ポパー,K.／大内義一、森博訳『科学的発見の論理』（上）（下）恒星社厚生閣（1971年）

さくいん

あ行

か行

さ行

た行

な行

は行

著者略歴

佐伯　雅哉（さえき　まさや）

1954年、大阪生まれ。

1977年、大阪大学法学部卒業。

都市銀行勤務を経て、1989年より、学校法人産業能率大学　総合研究所に勤務。経営管理研究所主席研究員、総合研究所教授などを歴任。学生ならびに実務者に向けての経営管理教育に携わる。

著書に、『マネジメントが目指すもの――行動の変革から認識の成長へ』（産業能率大学出版部）、『実践企業倫理・コンプライアンス』（共著、産業能率大学出版部）など

“自己”の育て方　―組織社会を生きる知恵―　〈検印廃止〉

著　者　佐伯 雅哉
発行者　坂本 清隆
発行所　産業能率大学出版部
東京都世田谷区等々力6-39-15　〒158-8630
（電話）03（6432）2536
（FAX）03（6432）2537
（振替口座）00100-2-112912

2012年9月27日　初版1刷発行
2024年12月5日　2版9刷発行

印刷所／日経印刷　製本所／日経印刷

（落丁・乱丁はお取り替えいたします）　ISBN 978-4-382-05672-5